贰阅 | 阅 爱 · 阅 美 好

让阅读走心
让阅历丰盛

越自控，
越快乐

POSITIVE
ADDICTION

30天快乐成瘾

[美]杰弗瑞·萨德　琼·妮洪◎著
贰阅◎译

民主与建设出版社
·北京·

© 民主与建设出版社，2021

图书在版编目（CIP）数据

越自控，越快乐：30天快乐成瘾/（美）杰弗瑞·萨德，
（美）琼·妮洪著；贰阅译．— 北京：民主与建设出版社，2021.3
书名原文：The Habit of a Happy Life : 30 Days to a Positive Addiction
ISBN 978-7-5139-3425-1

Ⅰ.①越… Ⅱ.①杰…②琼…③贰… Ⅲ.①心理学 Ⅳ.① B84

中国版本图书馆 CIP 数据核字（2021）第 045965 号

北京市版权局著作权合同登记图字：01-2021-3082

Copyright © 2018 Jeffrey K. Zeig &Joan Neehall
All rights reserved under International and Pan-American Copyright Conventions. No part of this book may be reproduced, stored in a retrieval system or transmitted in any form by an electronic,mechanical photocopying, recording means otherwise, without prior written permission of the author.

越自控，越快乐：30天快乐成瘾
YUE ZIKONG YUE KUAILE 30 TIAN KUAILE CHENGYIN

著　　者	［美］杰弗瑞·萨德　琼·妮洪
译　　者	贰　阅
责任编辑	刘　芳
封面设计	新艺书文化
出版发行	民主与建设出版社有限责任公司
电　　话	（010）59417747　59419778
社　　址	北京市海淀区西三环中路10号望海楼E座7层
邮　　编	100142
印　　刷	北京雁林吉兆印刷有限公司
版　　次	2021年9月第1版
印　　次	2021年9月第1次印刷
开　　本	880毫米×1230毫米　1/32
印　　张	9
字　　数	194千字
书　　号	ISBN 978-7-5139-3425-1
定　　价	58.00元

注：如有印、装质量问题，请与出版社联系。

感谢

琼：特别感谢所有对这本书有贡献的人。感谢蒂莫西·高菲尔德（Timothy Caulfield）接受我们的访谈，以及感谢杰弗瑞·萨德博士，他种下了种子，并且栽培它们茁壮成长。感谢我的同事和朋友们，特别是凯西·帕特森（Kathy Paterson）、比尔·丹顿（Bill Danton）、卡罗·丹妮芙（Kalo Tanev）、约翰·库克（John Cook），以及协助我们的员工，包括克里斯蒂娜·莫鲁卡（Cristina Merlusca），珍娜·寇比克（Jenna Kobek）。最后要感谢我的家人，罗比·戴维森（Robbie Davidson）、克里斯·戴维森（Chris Davidson），以及我母亲。

杰弗瑞：深深地感谢琼的热情，也感谢她全然付出。感谢她的聪明和智慧。感谢她与我一起携手完成这本书。

写给读者

如果你打开了这本书,表示你被"快乐成瘾"这个点子给吸引了。或许你感兴趣的是,如何转化负面成瘾以获得更美好的结果。事实上,这正是我们想要教导你的——接下来你可以花30天建立习惯并学习活出一个幸福快乐的人生。

喜欢喝酒的人就喝酒,喜欢慢跑的人就慢跑。这两个例子,都能够让我们看到大脑会奖励某些行为。我们也知道,有时候我们受困于一个立即的奖赏(血糖升高、咖啡因刺激、一杯美味的红酒)。相反地,快乐成瘾的奖赏是长长久久的——总是带来快乐——并且为将来更多的正向改变打下深厚的基础。

在这本书里,我们提供了珍贵的讯息,有许多的活动和练习,帮助你体验我们在书中所提倡的事情。亲身体验才是最棒的!因此我们邀请身体加入,一起去说服头脑,每个人都可以做到中断啃食我们灵魂的坏习惯,更重要的是,用一种全新的快乐的好习惯来取代它们。

你的快乐成瘾，不仅会在你选择的活动里带来一种超棒的成就感，同时也会在生活各个方面增强整体的幸福快乐感觉。跟负面成瘾不同，你的快乐成瘾不用躲躲藏藏，不用偷偷摸摸，你可以光明正大、带着自信、全然掌控地享受你的快乐成瘾！

所以，准备好纸和笔，打个电话给你的好朋友——现在是时候踏上一段旅程，扩展人生境界的快乐成瘾之旅！

CONTENTS 目录

第1章
快乐成瘾是什么？如何作用？

- 003　你对自己的生活满意吗？
- 003　快乐测验：与你的快乐心流有关的问卷
- 005　大忙人的时间承诺
- 006　从想法转换到应用的观点
- 009　为什么选择现在写这本书？
- 011　展望未来

第2章
神经生理学与成瘾

- 015　简述心理学与科学的立场

018　多巴胺及其效果
019　到底什么是成瘾?
021　展望未来

第 3 章
成瘾与基本需求心理学

025　根据 DSM-5 关于成瘾行为的描述
026　为什么成瘾的人是我?
027　行动表现计划
029　如何平衡行动?
030　成瘾会对你造成什么影响?
030　展望未来
031　练习 1:生活涟漪
034　练习 2:泰迪熊或老虎
036　你可以思考一下

第 4 章
快乐成瘾:你该如何选择?你该期望什么?

041　到底什么是快乐成瘾?
042　如何设计专属于你的快乐成瘾?

043　如何选择最适合你的快乐成瘾？
045　一些帮助你开始行动的快乐成瘾种类
046　你如何坚持自己的快乐成瘾？
048　周密考量众多可能性
049　试衣间
050　你能期待什么？何时发生？
051　快乐成瘾 vs 负面成瘾
052　展望未来
053　练习3：脑力激荡大爆发
056　练习4："是的，但是……"（一）
058　你可以思考一下

第5章
负面成瘾：打破束缚

061　常见的负面成瘾
062　你是情绪成瘾者吗？
067　有哪些风险因素？
068　体验性活动：记住成功的时刻
069　克服负面成瘾的有效步骤
073　一些不尽如人意的挫败
074　展望未来
075　练习5：改变结局
077　练习6：禅之花园

078　你可以思考一下

第 6 章
沿途路障与道路地图：一路前行

082　拆解沿途路障
087　我们有可能管理路障吗？
091　关于路障的摘要
092　展望未来
093　练习 7：转化它
095　练习 8：潦草乱写、揉成一团、撕毁丢掉
096　你可以思考一下

第 7 章
评估准备程度：改变的泉源

099　测验：你准备好了吗？
101　要进入准备好的状态需要多长时间？
103　展望未来
104　练习 9：我当然做得到！
124　练习 10：后退一步（25 个理由）！
126　你可以思考一下

第 8 章
启动动机的秘诀：小引擎启动大力量

- 129 测验：动机
- 130 个人（人生）路径与动机
- 135 动机与改变
- 139 个人动机与成就需求
- 140 激励你的是什么？
- 141 能力、意愿与准备程度
- 142 如何提升你的动机
- 149 展望未来
- 150 练习 11：我的强项、我的弱项
- 152 练习 12：把镜头拉远
- 154 练习 13：我希望
- 155 练习 14："是的，但是……"（二）

第 9 章
我们为何在乎明星文化？

- 159 谁在乎明星在做什么？
- 159 你被明星文化影响了吗？
- 160 测验：明星与我
- 166 明星文化跟快乐成瘾有什么关系？
- 167 展望未来

168	练习 15:"快乐感恩"
170	练习 16:是完美的还是虚假的?
172	你可以思考一下

第 10 章
30 天,30 步骤:越自控,越快乐

181	第 1 步:点燃热情
182	第 2 步:评估准备状态
184	第 3 步:找到协助者
185	第 4 步:尊重自己的风格
186	第 5 步:填写问卷
188	第 6 步:思考过去的成功经验
189	第 7 步:聚焦于现有的快乐成瘾
190	第 8 步:撷取正向渴望
191	第 9 步:找其他人参与其中
192	第 10 步:效法卓越榜样
193	第 11 步:在脆弱中找到强项
195	第 12 步:缓步前进
196	第 13 步:察觉焦虑
197	第 14 步:不给自己找借口
198	第 15 步:增加讯息
199	第 16 步:创造愿景
201	第 17 步:宣誓独立

202	第 18 步：处理"祖传之物"
203	第 19 步：尊重阻抗
205	第 20 步：避免"应该"用语
206	第 21 步：做个违反常理的人
208	第 22 步：运用比喻
209	第 23 步：运用模式中断
210	第 24 步：反制约
212	第 25 步：发展快乐交互成瘾
213	第 26 步：挑战信念系统
215	第 27 步：改变你的身份
218	第 28 步：了解快乐成瘾是一个过程
219	第 29 步：面对否认和羞愧
221	第 30 步：练习，练习，再练习
223	展望未来
224	练习 17：像猫一样
225	练习 18：借口！借口！
229	你可以思考一下

第 11 章
转化时间成为进步

234	通过树木，就可以知道整片森林
236	展望未来
237	练习 19：收集云朵

238　练习 20：分解
240　你可以思考一下

第 12 章
结束，也是开始

245　你成为一个更好的人，太好了！
247　结束，就是美好生活的开始
248　练习 21：巧克力，太好了！
249　练习 22：生生不息，永续经营
250　你可以思考一下

253　参考文献

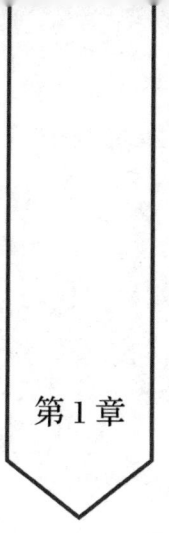

第 1 章

快乐成瘾是什么？如何作用？

CHAPTER ONE

卓越不是一种行为，而是一种习惯。

Excellence, then, is not an act, but a habit.

——亚里士多德（Aristotle）

你可曾想过，为何有些人能快速完成事情，而其他人则不能？我们这里说的是：有些人规律运动、享受平衡生活，并且拥有坚定的意志力与动力；但其他人则处于长期犹豫不决的状态，考量再三、细细斟酌，好像一定要深思熟虑才会达到完美。如果你属于第一种人，积极有冲劲，这本书对你而言可能只是有趣但非必要。然而，如果你属于第二种人，我们相信阅读这本书将会改变你的一生。不仅如此，一旦你开始阅读这本书，就已经跨越一个高栏障碍，迈出第一步！

你对自己的生活满意吗？

以下问题，可以帮你了解自己对目前的生活是否满意。请记得，这只跟你自己有关，也仅是为了你自己而做，无须让其他人知道你回答了什么。

快乐测验：与你的快乐心流有关的问卷

是 / 否　1. 我是否不满意现在的生活？
是 / 否　2. 在我的生活中，是否有某些事我想要改变 / 放下？

是 / 否　3.我是否对时间不够感到焦虑？

是 / 否　4.我是否因为头脑里无法停止的思绪而难以入睡或维持良好的睡眠？

是 / 否　5.我是否有时希望自己能……（填入任何活动）？

是 / 否　6.我是否想要提升自己整体的幸福感？

是 / 否　7.我是否容易对每天的遭遇感到暴躁、不耐烦与受挫？

是 / 否　8.我是否经常感到消沉？是否偶尔有绝望的感受？

是 / 否　9.我是否有时感觉好像错过了生命中的某些东西？

是 / 否　10.整体而言，我是否想要更快乐？

如果在上述题目中你回答了许多或大部分的"是"，那么这本书将对你很有帮助。我们在这里提供的是一种点火启动开关，一旦启动，会有强大潜力去改善所有事物。

然而，你会说——

谁有时间去开始新的事物？

谁想要在压力重重的生活中增添新的元素？

我连说服自己把电视关掉都办不到，我怎么有可能做到这个？

老实说，这些话我们都听过，你自己也说过这些话。但你知道，你会为了自己认为重要的事物花上许多时间。你会找到时间、会挪出时间、会运用时间！每个人都同样一天拥有 24 小时，然而对一些人来说，时间是充裕的，对另一些人而言却只是任由时间流逝——时间在他们身上不停流失，而不是被他们填满、善用。

拿太忙当借口已经变成一种反射动作。我们思考一下，没有足够的时间学习如何善用时间，这是合理的借口吗？这完全说不通。如果你真的想要改变某些事，你会找到时间让改变发生。对你来说，现在也许正是一个对的时间。

大忙人的时间承诺

威廉·格拉瑟（William Glasser）在他的《积极上瘾》（*Positive Addiction*，1976）中曾说过，每天只要花一小时练习一项身体活动或心智活动，就能达到所谓的快乐成瘾。即使是一个"大忙人"，每天也能挤出一小时时间做某些事，而这个投资在后来会有翻转数倍的成长与收获。当然，一天一小时现在听起来好像有点太多，但别让自己故步自封，从一次一小步行动开始做起吧。

第一周只要每天15分钟，就能促发新的习惯。15分钟是你喝一杯咖啡的时间、检查邮件或是查看微博的时间。每天15分钟是习惯成长的种子。

吉米·罗恩（Jim Rohn）在他的书《名言集》（*The Treasury of Quotes*，1993）中写道："要么你掌控你的时间，要么你被时间控制。"建立一种快乐成瘾，可能是你人生中所做的最重要的事，因此一个小的创造力可以长期深远地影响一个负面习惯。不要让"时间控制你"，相反地，要为自己的成长负责。你的承诺一定会有所回报。

在威廉·格拉瑟的研究里，他建议人们投入到单独活动中，但我们发现，若能邀请其他人参与到你的快乐成瘾习惯中，将会有更大助益。人际社交元素，有可能正是你用来推动自己继续前进的额外激励。

我们也要告诉你，你可以同时拥有互相支持的快乐成瘾。比如，你可以建立一个计划表，同时包含静坐与跑步，或是在运动时学习一种新的语言，或是在准备健康餐点时欣赏音乐。同时进行两种活动有个好处，当你开始抗拒其中一种活动时，另一种活动就可以活跃起来，帮助你继续前进。你通常只需要一秒钟的时间就可以做出更好的选择。

好的，大忙人，我们开始吧——重新定义你的快乐成瘾是你选择可以做的事，而不是你必须做的事。比如你的选择是："我可以学习。""我可以和朋友一起散步。""我可以每天有属于'我自己'的时间。"语言有强大的力量，"我可以做这个"和"我必须做这个"处于相反的两端。结果正向还是负向，取决于是否聆听我们的内在对话。

从想法转换到应用的观点

人际沟通分析的模式，可以帮助我们了解为何我们在最开始时处于一种犹豫不决的状态，更重要的是，我们如何做出新的更好的决定。

在做人际沟通分析治疗时，我们会辨认出每次人际沟通背后的自我状态。这个学派的创建者艾瑞克·伯恩（Eric Berne）将自我状态定义为"一种稳定的感觉和经验模式对应到一种稳定的行为模式"（Berne，1961）。

以下是关于三种自我状态的简单说明：

父母自我状态：是指我们出生后的五年内所储存在大脑里所有外来经验或是所感受到的外来事件。这些是被灌输到小孩身上的。比如：

"不可以拿陌生人给的糖果！"
"要有礼貌！"
"过马路之前要看左右两边！"

小孩自我状态：与父母自我状态相反，小孩自我状态代表着小孩在五岁之前大脑里所储存的内在经验和体验，而这些内在感觉是与小孩生活周遭所发生的事件有关的。比如：

"当妈妈威胁说要离开房间，我总是觉得恐惧。"
"马戏团的时光真的好有趣。"
"当晚上天色开始变暗，我觉得紧张。"

成人自我状态：成人是一个客观的第三者，有能力去分辨他或她所观察到的（父母自我状态）与所感受到的（小孩自我状态）。成人自我状态可以让我们评估小孩与父母的情况。成人自我状态负责处理并确认随着岁月流逝，我们学习得到的成长功课。

基本理解是：

- 父母自我状态——教导我们概念。
- 小孩自我状态——感受内心状态。
- 成人自我状态——学习、消化、吸收概念。

我们所提到的每种快乐成瘾想法，都应该从这三种自我状态来思考。当你连接到父母建议、成人知识及小孩热情，就可以身心一致地向前进。这是快乐成功的秘诀！

快乐成瘾需要保持平衡。为了让快乐成瘾有效且持续，需要有一个动态平衡。

我的快乐成瘾，其中一项是每个月驾驶一次滑翔飞机，我乐此不疲。我不会每天这样做，但我每个月做一次。另一项是玩复式桥牌。我每天研究或是阅读桥牌的书，通常是在安静、独自用餐的时刻。但是，我每天做这件事不会超过一小时。我也不会每天玩桥牌一个半小时。很多时候我会玩半个小时的桥牌，因为我可以在线上玩，这非常方便。

学习西班牙文也是一种快乐成瘾，我几乎每周学习一个小时。我迫不及待地要学西班牙文，我在线上跟一个老师学习。学习是一种快乐成瘾，我想要一直持续学习。

我每天早上运动，几乎从不停歇。唯一能阻止我运动的就是旅行。所以，我一年运动350天，而不是365天。我越来越喜欢运动，完全不需要思考，就只是去做。我不需要在我的工作记忆中提醒自己。它已经变成一种自动化记忆。就像穿鞋子一样——我不需要思考如何穿鞋子。这有很多好处：我有一小时的独处时间！我可以和我爱人聊天，我可以学习。这些活动及其他更多活动，都比单一活动带来更多好处。

当我与我的爱人聊天、享受独处时光，或聆听播客，这是神圣美妙的时光。我的生活因此而充满意义。而驾驶滑翔飞机也是一种快乐成瘾，因为我热爱它，因为我有能力开飞机，同时也因为这是我滋养自己的一种方式。就算过程中有些困难挑战，但当开飞机飞到地球上方时，我深深地被崇山峻岭的美丽震慑。我心怀敬畏，一种全新的视野触动我的心灵深处。当我做这些活动时，我内心的父母建议、成人资讯、小孩热情都融合在一起，帮我开启了崭新的生命旅程。

为什么选择现在写这本书？

我们知道市面上已经有数以千计的个人成长书籍，我们想要脱颖而出，让这本书成为你独一无二的资源。我们两个世界闻名的心理治疗专家学者，亲身实践我们快乐成瘾取向——将会引导你，按部就班发展你独特的快乐成瘾，每个相关步骤我们都会详细解释，并连接到整体策略发展，帮助你连接现在和未来，一个更加健康、更加快乐的美好明天。

我们有必备的讯息，迫不及待想要跟你分享。我们会避免使用心理学专业术语，取而代之用一种临在、清晰、简单易学、立即可运用在生活里的方式教导你。你将会享受重新书写你的生命乐章，就像电工到你家里升级电路系统时，所有电器设备会更流畅运作一样。当你做出承诺，你的人生将会更加顺畅。

这本书将如何帮助你做出正向改变

照着书中的方法去做，你将会发现自己成为一个更好、更深刻满足的自己——全然掌控自己的人生，细细品味并从你的快乐成瘾中获得许多好处。这样的事情有很多，我们也亲自体验过如此美好。而最大的好处是，感受自己全然掌握生命的航向，精力充沛、充满自信地驶向未知的人生冒险旅程。

快乐的人生习惯很重要，这本书会教导你如何开启一段成功的旅程，如何维持你的练习，以及如何享受美好成果。我们也会引导你如何穿越无法避免的艰难障碍。当然，"如何去做"取决于你的个别需求以及你选择的快乐成瘾，但我们所有的建议都可以依照你的个人路径而定制化。

你何时知道自己走在正确的道路上

我们建议你花 30 天的时间照着书上的方法做。就像我们前面提到的，你在第一周可以从一天 15 分钟开始，然后慢慢地（或快速地）增加每天的时间。我们期待，在 30 天结束时，你将会过上自己用心建立的快乐成瘾生活。同时，根据学术研究，这种习惯可以在短短的 66 天变为自动化过程（不需要强迫自己去做）（Lally，2010）。

想象一下，只要一个月的时间就可以建立新的好习惯，再一个月的时间就可以让这个好习惯变成生活的一部分。快乐成瘾的效果会永远持续下去，这对你来说真是太划算了。

展望未来

接下来,我们将看看神经科学里对于多巴胺与成瘾的基础理解。我们想要在你寻找自身的内在改变力量时,为你指引正确的方向。

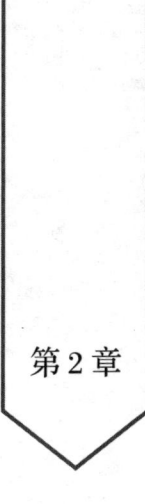

第 2 章

神经生理学与成瘾

CHAPTER TWO

神经跟意识的关系,就如同 DNA 跟生命的关系。因此,心智生理学对于 21 世纪的影响,就如同生命生理学对于 20 世纪的影响。

Neuron is to Consciousness, what DNA is to Life. Thus, Biology of Mind is to the twenty-first century, what Biology of Life was to the twentieth century.

——阿伯杰特·纳斯克(Abhijit Nasker)

简述心理学与科学的立场

一些心理科学的原则,将帮助你了解我们的看法以及你的意图,了解多巴胺在成瘾上的作用机制,了解快乐成瘾的运作机制。当你越了解什么对改变有帮助,就越会准备好迎向成功,就算有挑战,也能克服。

威廉·格拉瑟,主要聚焦于成瘾行为背后的情绪(Glasser,1976)。今日的学术研究,则聚焦于成瘾的神经生理学,或是神经细胞与大脑功能如何一起调节人类行为。换句话说,最新的研究聚焦于大脑在细胞层面如何运作。这个令人兴奋的研究新方向打开了一扇大门,我们想要了解成瘾和成瘾戒断如何刺激大脑运作,并最终提供有效方法来治疗负面成瘾,以及促进快乐成瘾。

我们来详细地了解一下大脑。

你了解脑袋里面的那个驾驶员吗?握着两个拳头,将大拇指放在外面,并将两个拳头靠拢:这大概就是人类大脑的尺寸。在这个大小适中的器官里,许多改变发生,深刻影响我们的人生经验。为了了解行为与大脑内的化学成分如何交互作用造成成瘾,你应该先了解一下它们如何互动造成任何事物。

你的大脑是由大约860亿个神经元(神经细胞),以及850亿个神经胶质（非神经元的支持细胞）组成（Von Bartheld, Bahney, & Herculano-Houzel，2016）。神经元是我们神经系统中的讯息传递者。一个低电压电流沿着神经细胞传递，在神经末梢释放化学物质（神经传导素）到周遭的神经元空隙中（突触间隙）。当神经传导素抵达另一个神经元分支（树突）时，它们逐渐累积。当收集到足够的神经传导素时，它们就启动一道电流并释放神经传导素，到下一个细胞继续产生电流——然后再到下一个细胞。

接着，神经元讯息的"意义"取决于整个神经链，或者说启动的神经元网络在哪里开始与在哪里结束。经过数十年的手术、电刺激、解剖、脑伤研究，以及脑部造影（包括针对其他动物的控制实验），我们对哪些大脑部位包含怎样的神经元，激发时会伴随怎样的活动与感觉，有足够的了解。我们也知道这些神经网络对各式神经传导素（共约100种）是选择性接受的。

因此，在各个神经网络系统中，各式神经传导素的存在与否，直接影响我们的感觉与行为。一个特定神经网络系统中的神经元成长数量和触及范围，以及脑内化学物质流经特定神经元传递的情况，也会影响我们的感觉与行为。

也许你曾听说过"一起激发的神经元，会连线在一起"。我们称之为神经可塑性的现象，在过去十年"大脑年代"，不论是在课堂上、杂志上、瑜伽工作室里，还是在科学实验室里，都是一个热门话题。

这种现象是指一系列不断发生的神经运作过程，从你在妈妈的子宫里到你躺在坟墓里。整体而言，神经可塑性的假设在17世纪晚期就已经存在，然而直到最近数十年，研究学者才开始了解它的范围及它如何运作。

用个最简单的说法，两个神经元之间传递的讯息可以强化神经传导通道，而这样的提升会随着更高频率的刺激变得更加稳定。这个提升基于功能与结构的改变："突触前"神经元释放更多神经传导细胞，这会造成接收神经元也增加树突棘的大小以及数量，然后接收神经元的数量增加或位置提升，甚至长出新的树突，最终有新的突触（Costandi，2016）。从胎儿在子宫里到幼儿前期，大脑持续产生数以万千计的新生神经元；在几年之后神经元生长速度变慢，并且在成年时期变得很少见，可能只局限于大脑里两个特定区域。

神经可塑性会促进学习、记忆与习惯的产生。它允许大脑在结构和化学性质上自我重组，这是为了适应环境的改变。在幼儿前期的大量迅速增长后，神经系统开始自我精炼。参与的神经通道在传递讯号上变得更好，其他很少用的神经元则生长迟缓，枯萎，最终死亡。

举些极端案例，比如在恶劣环境中长大的小孩，或是出生就失去视力或听力的小孩，他们大脑的某些相关区域可能从未发展，或是被用来支持完全不同的功能。另外，早期的脑部创伤可能通过生理系统得到补偿，发展出人们意料之外的功能。

比较常见的经验是，学习第二语言或乐器，可以加速神经可塑性，帮助大脑准备好面对记忆相关的任务或挑战，甚至帮助你更好地进入老年生活。现在你对自己神经系统的适应能力，以及你的想法、行为和习惯的生理输入能力，应该是印象深刻的。

多巴胺及其效果

为了发展快乐成瘾，你需要放下某些负面自我对话，并且了解关于改变习惯这件事，我们的大脑有它自己的想法。与其自责，不如暂停下来，思考一下那个友善的小小神经传导素——多巴胺。

多巴胺是中脑边缘系统使用的主要化学讯号。中脑边缘系统是用来调节动作、愉悦与动机的神经回路。中脑边缘系统同时也与前额叶皮质的沟通有关。前额叶皮质是负责调节执行功能的，比如专注力、冲动控制、工作记忆，以及任务转换等。把这些组合在一起，一个"奖赏回路"的次结构让我们能引导自己的专注力与能量朝向愉悦体验，而在一般情况下，这对于我们很有帮助。因为食物与饮料导致多巴胺的释放，会让我们"感觉很好"，这会造成我们更多地吃喝，以确保我们的生存。

多巴胺在奖赏回路中的精确位置与数量，也会造成每个人的动机强弱和差异。运用正子断层扫描（PET scan）的大脑映射技术，研究学者已经发现所谓的"力争上游者"，他们努力工作朝向奖赏前进，他们的头脑在一个称为腹侧纹状体的次结构中会释放更多的多巴胺（Treadway & Zald, 2015）。

的确，在医学实验里对纹状体注射多巴胺药剂，会让研究受试者为了不太确定、较大的奖赏（比如金钱）而更努力工作。相反地，那些不愿意为了奖赏而更努力工作的人，则在一个称为前脑岛的次结构中，有较高的多巴胺水平；他们选择摘取挂得较低、比较确定的果实。

纹状体与前脑岛都仰赖多巴胺来运作，而这两者对于我们发挥自己的实力，有完全相反的效果。这两者显示，多巴胺不仅对我们在"奖赏"活动中体验到愉悦是必要的，而且对我们在一开始唤起动机想要获得奖赏也是必要的。

到底什么是成瘾？

有时候，冲动、愉悦及动机会失控。我们的理智、心智会被更大与更好的奖赏遮蔽，从而使人盲目。成瘾药物通过刺激释放大量多巴胺、阻止回收，或增加接收神经元的树突分支，直接在奖赏回路上产生效果。随之而来的能量暴冲将之前的行为强化到一种"不合理"的程度，同时各种感受互相竞争，都想要被感受到。我们了解到，人们会发展并维持强迫行为，尽管这些行为都会对健康、关系及稳定生活带来许多负面后果。

在恶性循环中，我们可能变得像实验室里的小白鼠。它们眼前有个装备，是可以自行给予超级愉悦的大脑电击装置。当它们体验到按下杆子的超级愉悦感后，整天不停地按着杆子，一小时上千次，甚至放弃了食物与水。简单来说，相关证据指出所有成瘾行为都有一个神经生理基础，无论是药物成瘾或行为成瘾（可卡因或赌博）。

动物研究已经发现，使用特定药物，比如鸦片、兴奋剂及酒精会造成神经生物改变（Koob & Simon, 2009）。在这些研究中，我们看见特定的神经传导素可能被阻断传递，而其他神经传导素的接收器可能变得过度敏感。

当大脑里奖赏成瘾行为的同一个次系统缺乏足够的神经传导素时，将导致一个人整体性地缺乏动机。而成瘾者的神经生理系统开始对这种抑制产生反应，就像面对巨大压力时的反应一样。生理结构与功能逐渐将冲动行为转变为强迫行为。换句话说，我们成瘾的力量与对成瘾的"控制"能力，会远远强过个人的意愿与意志，从而对我们的生活造成影响。

负面成瘾是一种大脑慢性疾病，会改变我们对奖赏、动机、记忆及执行调节力的敏感度。大脑结构里四个关键区域（腹侧背盖区、伏隔核、杏仁核，以及前额叶皮质）的功能丧失，会导致特定的生理、心理与社交上的病症。任何外在刺激或内在想法，会因为重复的愉悦体验变得敏感，这会占据个人的所有注意力，造成一种渴望；而结果是，个体会带着病态的动机去追求奖赏，通过滥用药物或其他行为而得到纾解。

负面成瘾通常包含复发与缓解的恶性循环，大多数人在某个片刻可以分辨出这个模式，无论是与糖还是与毒品有关。我们发誓要停止，甚至通过别人的帮助而停止。我们会停止一段时间，然后再犯同样错误。我们会说，"我没有成瘾"。事实上，这就是成瘾的定义。一开始"头脑被单一渴望占据/期望美好感觉发生"，随之而来是"想要维持刚好的摄取量，结果行为失控"，然后在戒断时期产生"负面情绪"（Koob & Simon，2009）。

我们简单思考一下，习惯是什么——一种你几乎没有控制能力的重复行为。这是负面成瘾的一种形式，随着这种坏习惯而来的是你不想要的行为，有时候会造成麻烦。

你早晨真的需要一杯浓缩咖啡来让自己动起来吗？就算电视

新闻让你感到焦虑，你还是忍不住要看？你是个"总是担心许多"的人吗？你会咬指甲吗？在床上吃薯片？在半夜里上网购物？如果你在以上问题中有回答一个"是"（实际上还有数以千计可以问的问题），那么，你很可能已经负面成瘾了。

你的成瘾可能微不足道，没有生命威胁；但是，它是一种成瘾，有些事情不在你的掌控之中。你有"习惯"，再次强调，一种成瘾就是一种习惯——一种控制你的习惯。成瘾，无论戏剧化呈现或枯燥平凡，都有相同模式。

展望未来

关于成瘾的神经生理学讯息，说明了你可能对目前的状态没有全然掌控，无论是努力想要移除一种负面成瘾，还是发展一种快乐成瘾。但稍等一下，这也是个好消息。如果我们无法仅仅依靠所谓的"意志力"来运作，就应该要减少个人动机上的焦虑程度。当你试图要移除成瘾或达成正向成瘾，有些因素是不在你的掌控之中的。

这些讯息是要告诉你，你该如何行动，而不是限制你，让你无法行动。无论神经生理学说要如何，都要继续前进，围绕它工作，与它一起工作，或是解决它。对自己慈悲，同时积极主动——这是很棒的组合。

记住，当学习一个新的任务时，大脑会在多个区域被激发，并消耗大量的能量。然而，当这个任务变成习惯，要继续执行任务只需要少量的大脑活动。当我们谈到快乐成瘾及聚焦于最佳生活时，这种高效能的状态是我们最好的朋友。

此刻，你可能（像大多数人一样）有种成瘾正在逼迫你做自己觉得不好的事。然而请注意，你可以翻转这样的能量，用来发展出某些好的东西，是对你有帮助的，而不是对抗你的。你可以让成瘾为你工作。接下来，我们探讨一下这是什么意思，以及如何进行。

第 3 章

成瘾与基本需求心理学

CHAPTER THREE

改变你的想法,就改变你的人生。

Change your thoughts and change your world.

——诺曼·文森特·皮尔(Norman Vincent Peale)

我们要更深入地探讨，成瘾在我们生活中扮演的角色，如何知道自己是否有成瘾的问题，并了解成瘾背后的目的是什么。

根据 DSM-5 关于成瘾行为的描述

让我们从《精神障碍诊断与统计手册（第5版）》，一般称为 DSM-5，来探讨一些普遍观点。当你阅读以下清单时，问问自己是否有一项或有几项在你身上适用。

1. 比你想象中使用更大量或更长时间的成瘾药物。
2. 你试着要减少或是停止使用成瘾药物，但就是戒不掉。
3. 花很多时间在取得、使用或戒断成瘾药物上。
4. 渴望、有种冲动想要使用成瘾药物。
5. 即使已经造成人际关系问题，还是持续使用成瘾药物。
6. 因为成瘾问题，而无法维持工作/家庭/学校的日常生活运作。
7. 即使已经造成危害，仍持续地使用成瘾药物。
8. 就算知道这种成瘾会造成你身体或心理的问题，或使问题持续恶化，依然持续使用成瘾药物。
9. 因为使用成瘾药物而放弃了重要的社交/工作/娱乐活动。
10. 发展出退缩、退化的症状，而只要使用更多成瘾药物就会感到放松。

根据DSM-5,（成瘾）药物使用患者的严重程度可以分为以下几种：两三种症状归类为轻度药物滥用患者，四五种症状归类为中度药物滥用患者，六种或六种以上的症状归类为重度药物滥用患者。诚实地了解自己在哪个程度，是踏出改变的第一步。

为什么成瘾的人是我？

经常听到的说法是："我是好人。我有好的生活。为什么要逼我面对这些问题？"很多有成瘾问题的人（记得，我们每个人或多或少都会对某些东西成瘾），会感觉人生怎么这么不公平。成瘾对某些状况是种解药，但是问题是什么呢？根据托尼·罗宾斯（Robbins，2007）的说法，每个人都有六种人生基本需求，而所有的行为都是为了满足这六种基本需求。

每个人与生俱来的六种基本需求是：

· 安全感：一种确保我们可以趋吉避凶的需求。
· 不确定性/多样性：想要改变，想要面对未知，想要新刺激的需求。
· 重要性：感觉自己是独特的、重要的、特别的，或是被需要的。
· 连接/爱：强烈亲密感的需求，与某人或某事合而为一。
· 成长/才能/了解：一种学习、成长、发展的需求。
· 社会贡献：一种服务的需求，聚焦于帮助别人、给予别人、支持别人。

如果我们想要快乐、健康，前提是我们需要满足这些基本需求。

失功能的成瘾会让我们无法持续满足这些基本需求。当我们试图要满足这些基本需求却失败时，就会让自己安逸些，或是退而求其次，满足自己更小的需求；或是用一种特殊的方式，比如通过负面成瘾来满足自己。

记住，你的大脑会给予这些努力"奖赏"。了解你自己的基本需求，并且知道在任何时刻你想要满足的是什么，可以帮助你脱离失功能的行为（负面成瘾），并进入一种正常运作的行为（快乐成瘾）。

回到"为什么成瘾的人是我"这个话题，这个问题的答案极可能隐藏在我们其中一种或多种未被有效满足的基本需求里。要了解你的基本需求是否得到满足，以下的"行动表现计划"中列出五个问题，如果诚实回答，可以在你的人生蓝图上看到许多重点。不用担心你回答的细节是否准确，这只是帮助你进行脑力激荡，让许多想法流动起来。

行动表现计划

1. 在这六种基本需求里，你最看重哪一种？

2.你如何通过工作、玩乐或家庭生活来满足这些需求（不管是以正向还是负向的方式）？

3.你如何聚焦于增加成长（第五种）和社会贡献（第六种）？比如，你可以做些什么不一样的事情，或是有什么新的经验，可以帮助你扩展这些领域？（不用执着于"对的答案"，让自己自由地思考。）

4.你可以找到哪些负向行为与这六种基本需求有关？

5.你如何改变/移除这些负面行为？

如何平衡行动？

有责任感是件好事。但是，如果你的生活全部都是责任感，那就有问题了。当然，如果你的生活都是玩乐，那也有问题。如果你是一个理智的人，所有的事情都讲求事实，那也有问题。那么，你如何创造一种平衡的生活，可以满足你所有的基本需求？

托尼·罗宾斯在基本需求上做了很多研究。你有连接的基本需求，有安全感的基本需求，有对社会贡献的基本需求，有想要学习成长的基本需求，有追求灵性的基本需求，有冒险、享受、快乐的基本需求。如同我们之前提到的，托尼·罗宾斯说，人们都有六种基本需求。图3-1可以帮我们更清楚地了解，这六种基本需求与我们的关系。在这个六角图形里面，你可以寻找并评估自己的基本需求。

举个例子，如果你过度看重安全感，可能永远不敢冒险；而如果你过太多冒险生活，可能找不到安全感。所以，在六角图形

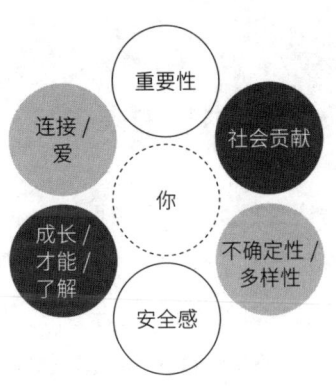

图 3-1　你与六种基本需求

的平衡中心，你的快乐成瘾需要满足娱乐、连接和灵性的需求。思考自己的快乐成瘾会是什么样时，先考量一下它满足了你哪种基本需求。

成瘾会对你造成什么影响？

现在，我们对成瘾有了大概的了解。基本上，负面成瘾是一种失控的行为，会提供立即的满足，但是长远看来（甚至短期来看也是）有害无益。尽管继续这种行为对当事人以及周遭亲朋好友都会带来负面后果，但当事人就是停不下来。

那么，你想要快乐吗？亚伯拉罕·马斯洛假设每个人都想要快乐。问问自己，你究竟有多快乐。你是做一些事让自己快乐，还是让别人快乐？你是做自己喜欢的事，还是试图取悦别人？你的生活是一系列自信的决定，还是经常要妥协配合别人？

展望未来

有些事最好是通过行动来学习，而不是通过知识上的理解。建立快乐成瘾，需要准备工作和直接行动。以下的练习用来帮助你体验，一个小的改变如何产生滚雪球效应，累积正向改变，使正向改变越来越多（而不是像过往那样越来越少地螺旋向下）。

练习 1：生活涟漪

练习目的：呈现一个视觉画面，你所做的小改变如何能够像涟漪效应般扩散到你的整个生活里。

1. 参考第 1 章的"快乐测验：与你的快乐心流有关的问卷"，找到一种最适合你目前生活的描述。

2. 想象一颗小石头掉进一片平静的水面。你可以看到这个涟漪如何从中心向外扩散吗？谨记在心，你要创造一个同心圆，想象这个正向扩散效应，并把它连接到你生活中的特定情境里。找一张白纸将它画下。

假设你的问题是"睡眠不足"。正向版本就会是"足够的睡眠"。这个事实会变成你圆圈的中心点，涟漪会向外一圈圈扩散去。换句话说，"足够的睡眠"会带来起床时的好心情，这样你就不会那么烦躁，下一圈是与家人更多愉快的互动，接着是小孩子在学校感觉快乐，等等。你做一个简单的开始，一个小的中心圆圈（小石头落下的地方），然后加上一个一个扩散的圆，指出一个移动方向，从小的特定改变导致更大的改变，一直延伸出去（见图 3-2）。

3. 接着，在另一张白纸上画一个类似的圆圈或是"涟漪"，但这次在中心圆圈写上负面行为。涟漪将反映出从中心圆圈开始的影响。举个例子，这次在中心点我们写下"一夜失眠"（见图 3-3）。

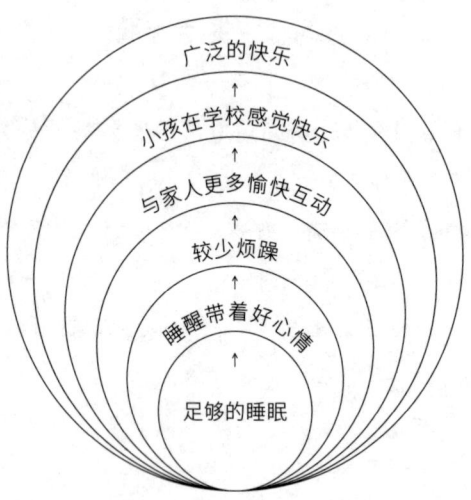

图 3-2　小的正向改变创造更多正向改变

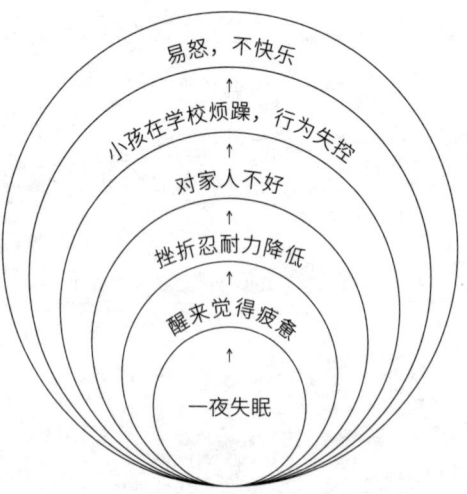

图 3-3　负面行为创造更多负面行为

4.注意每一圈如何扩散，不论是正向或是负面的行为，都会在生活其他层面扩大，并影响到你周遭更多的人。就像水面上的涟漪一样，你的状态或是正向改变会加倍向外扩散（负面行为也是这样）。

5.把这种理解，运用到培养一种快乐成瘾的概念上。你想要在生活里感受到怎样的涟漪？让你的想象力带你去到那个美好的地方。

练习2：泰迪熊或老虎

练习目的：检视个人行为，深入了解什么会激怒你。

1. 我们都有两个面向：有些时候我们是泰迪熊，有些时候我们是老虎。你可能在新的环境里会是泰迪熊，感到胆怯害怕，当你被激怒或是生气时，又可能变成老虎。用表3-1，或是拿张白纸在中间画条线分成左右两半。左上方写上泰迪熊，右上方写上老虎。

2. 计时5分钟（不要超过5分钟）。脑力激荡你何时／为何会符合这两者的其中之一，然后在对应的地方写下关键词句。在我们刚才提到的例子里，"新的环境"会在泰迪熊这边，"生气"会在老虎那边。不用想太多，快速、自发性地想到什么就写什么。

3. 时间一到，检视一下你的清单。找到有分歧的地方，或是特别显眼的部分，或许一边的清单比另一边的清单长，或许某一边的关键词句有着共通特性。

4. 思考一下，你可以从这个快速清单中学习到什么。你是泰迪熊多一点还是老虎多一点？这个清单如何影响你建立快乐成瘾，或是影响你处理负面成瘾？在我们举的例子里，去上表演课，对泰迪熊（胆小退缩）面对新环境会有何帮助？

表 3-1 泰迪熊或老虎

泰迪熊	老虎

你可以思考一下

先不要回头翻看这一章的内容,思考一下以下问题。如果你在某个问题上卡住了,跳过去,最后再回头检查。这样做的目的,不是要去看你不知道的事情,而是去看你记得什么,什么因素在未来对你可能有帮助。记在脑海里的事实我们容易获取,当我们需要帮助时这就是很好的支持。

1. 基于你对正负向成瘾的了解,你现在是快乐成瘾还是负面成瘾?

2. 回想一下,我们人类的六种基本需求,指出对你而言最重要的一两种。

3. "快乐测验:与你的快乐心流有关的问卷"里的哪一项,或是哪几项,你记得很清楚?有什么因素会刺激你去思考你的快乐或不快乐程度吗?你对自己坦诚时,是否感觉松了一口气?

4.你觉得没有时间去建立快乐成瘾时,有办法开始想象一条出路吗?如果你朋友向你解释为何他没有时间照顾自己,你有办法说服他其实是有方法的吗?

5.你要跟自己说话,就好像你跟老朋友说话一样。你会明白为什么这是个好的观点,而为什么现在正是一个对的时机点?(有些时候,当我们看别人的处境时总是比较清楚,旁观者清!)

第4章

快乐成瘾：
你该如何选择？你该期望什么？

CHAPTER FOUR

过度沉溺于任何事,即使是像水这样纯粹的事物,都可能中毒。

An over-indulgence of anything, even something as pure as water, can intoxicate.

——克里斯·佳米(Criss Jami)

成瘾是一种对药物、活动或是行为的依赖。成瘾的人或多或少失去了对自己行为的控制能力。成瘾可以是正向的或是负面的，而成瘾的好坏一部分取决于使用的药物、活动或行为本身，另一部分取决于成瘾所造成的结果。

比如，抽烟是一种成瘾，而抽烟的习惯真的没有任何正向的部分（除了短暂放松的感觉之外）。烟本身也是负面物质。另外，我们认为跑步是正向的。这个行为本身并不是负面的，但也有些人会运动到负面成瘾的程度，让运动本身阻碍了生活其他面向的发展与健康。

强迫式的运动（只是举个例子），不应该跟我们这里所讲的快乐成瘾混淆。快乐成瘾，指的是一种健康的、对生命有正向影响的习惯，能从苦闷的劳动中获得愉悦的感觉；不是阻碍，而是增益生活的其他面向。

到底什么是快乐成瘾？

遇到你的快乐成瘾时，你一定会辨认出来，因为它是一件令人如此愉悦的事，会给你提供一个体验到个人强项、自信心以及整体幸福感的机会。

回到威廉·格拉瑟关于快乐成瘾的概念上——快乐成瘾是一种健康的习惯性活动，会让一个人生活更丰富、减少焦虑、更好地掌握自己的人生。从根本上说，快乐成瘾创造了一个机会，让你能从不同的角度看事物，最终会让你感觉"太棒了"。

威廉·格拉瑟还坚持认为，我们可以通过一天一小时的生理或心理练习达成这些美好感觉。深入来说，如果你停止了快乐成瘾的活动，可能会造成生活颓废，就像任何成瘾一样。

威廉·格拉瑟的研究结论，基本上是根据跑步者而得到的。他发现，通过一天至少跑步一小时，人们可以获得一种不同于他们工作身份的身份认同（这对工作狂而言是多么有用的讯息）。

如何设计专属于你的快乐成瘾？

我们先前谈到，快乐成瘾的设计蓝图，包括父母建议、成人知识以及小孩热情。我们还可以想象它符合基本需求，就像我们上一章提及的托尼·罗宾斯的理论。然而，因为人们总是过度满足他们的基本需求（做太多），所以"平衡"这个概念必须被放进来一并考量。

找到或维持平衡是"满足需求"成功要件不可或缺的一部分。所以，如果我每天早上跟朋友一起走路一小时，几乎不缺席，这样就满足了我连接的需求、健康的需求，同时我也建立了一个可掌控的时间框架，用一种好的方式展开美好的一天。这就是一个平衡的画面。

当然，我们每个人对于什么是"健康"，什么是过度的，定义都不相同。平衡是我们的罗盘指标。你看到的观点跟我看见的观点是不一样的。

如果我错过一天，没去运动，我不会惩罚自己。如果你错过一天，那也没关系。但我比一般人运动得更多。一般人不会一星期运动七天——他们也不需要这样做。这是我的参考标准，跟你的参考标准不一样。同样的部分是我们都聚焦在快乐成瘾，而保持平衡是关键元素。

每个星期天，当我在城里的时候，我会去运河边骑自行车一个半小时。这是一种在城里的快乐成瘾——每个星期天早晨，第一件事就是骑着自行车去运河边。要去运河边，通常需要进入车流中。如果我星期六骑自行车去运河边，交通非常拥挤，但是星期天就没有交通拥挤的问题，所以我选择星期天骑自行车去运河边。这是一种快乐成瘾，同时也满足了我对于安全感的需求。有很多的交通意外，我不想出现自行车意外，所以我详细思考着如何创造一种平衡的快乐成瘾。

好的，我有这些快乐成瘾（几种互补的成瘾），我再加一种。我很幸运，在心理专业领域非常成功。工作也是我的快乐成瘾之一，但是这种成瘾没有其他部分来维持平衡，它是单独存在的，所以我经常翻转到工作狂的那一面，使工作变成一种负面成瘾。

如何选择最适合你的快乐成瘾？

根据威廉·格拉瑟（Glasser，1976）的理论，快乐成瘾有六个评判标准。

- 它不是竞争性的。
- 它一天只需花大概一小时就可以完成。
- 做起来不太费劲，不需要花很多精力。
- 参与的人会觉得很有价值。
- 个人相信持续做下去，就会看到进步，然而"进步"是依据每个人自己的定义。成功也是依据个人的主观角度。
- 你执行活动的经验中，会有自我接纳，不会自我批判。

当你跟以上六个标准同步时，能更好地选择，并开始享受你的快乐成瘾。同样地，觉察到以下两种快乐成瘾的类别，会帮助你选择最适合你的快乐成瘾，符合你的生活风格和需求。记住，我们现在仅是描述快乐成瘾，还没有提到如何建立它。那个部分还需要些努力！

一种快乐成瘾可能是心理或身体的活动：

心理活动：需要特定思考模式，学会新技能，或是心智的专注力活动，比如学习新语言、深入研究写作技巧，或是成为国际象棋高手。

身体活动：需要身体移动的活动，比如运动、跳舞或打球。

请记住，我们相信同时进行两种相反或互补的快乐成瘾（一种心理层面、一种身体层面）是完全可能，甚至非常好的事情。比如，跑步的同时学习新语言。

有无限多种可能的快乐成瘾选项，因此，要找到最适合你的选择可能很困难。你选择的时候,提醒自己什么对你是最好的,不论是心理的或是身体的,或是两者都有。

为什么需要心理的部分?它可能会平静你的心。你知道很多囚犯学习织毛衣吗?因为这个活动耗费时间,不仅会产生创造力,也会让心智平静下来。

为什么需要身体的部分?不论你几岁,有什么能力,或是有什么经验,身体活动都可能促进健康,让你感到幸福。我们知道,有些囚犯会在自己的牢房里做运动。运动会帮助一个人专注,同时也会让他感觉自己对生活有掌控能力。

你想要你的快乐成瘾"跟你待在一起"。它不应该支配你生活的一切,但是它是你整体生活的一部分——一件甚至不需要思考每天都会自动自发做的事,就像每天早晨刷牙一样。你选择的活动,应该对你的生活明显有益无害(比如你终于学会说法语了),对你的整体生活有帮助,这或许对其他人来说不明显,但你自己心里很清楚这一点。

一些帮助你开始行动的快乐成瘾种类

跑步 / 走路 / 登山 / 骑自行车 / 玩帆船

收集邮票 / 收集硬币 / 收集中古世纪艺术品

缝纫 / 裁缝 / 针织 / 剪贴簿

园艺 / 赏鸟

唱歌 / 音乐

绘画 / 写作 / 跳舞

学习语言／研究历史

洗碗碟／重量训练

玩拼图／下象棋

在甜点厨房工作／制作毛毯送给有需要的孩童

演戏／即兴表演／单口相声

瑜伽／太极拳

静坐／冥想／正念／修行

_____

_____

_____

_____

_____

探索一下你的快乐成瘾清单，并让上面这个清单启发你写下更多。你会花些时间做出明智的选择，意味着你会全盘考量，包括你的经济状态、身体状态，以及每日行程。问问自己，这个活动是否会使你的生活更美好？如何更美好？你是否可以预测，下星期你会变得有多自信？你愿意试试看吗？

你如何坚持自己的快乐成瘾？

美国著名拳王穆罕默德·阿里（Muhammad Ali）曾说："我

痛恨训练时的每分每秒,但我告诉自己,不要放弃,现在忍受痛苦,以后就可以活得像个冠军。"

有价值的东西都不会是轻易获得的。这是简单的真理。假装获得,不会带给你任何优势。然而,当你衡量发展你的快乐成瘾需要付出的代价时,很快会发现"轻松容易"是相对的。你如果觉得自己可以获得幸福、自信心,以及内心的平静,接受一些挑战便完全没问题。绝对物超所值。

想想看,你以前如何学习新技能。比如学骑自行车。你跌倒了,爬起来,然后再试一次。最终,你会成功。这个甜美的果实在很多层面上是可以感受到的——自信心、荣誉、运动、连接、冒险,以及更多——然后这中间你经历过的挑战就会逐渐被淡忘。新的冒险就像是这样。

再次思考一下你选择的快乐成瘾。你会注意到,它最终成功的秘诀不在于你的意志力,而在于你的动机。你是否有动力想要改变?你的快乐成瘾是否支持你的改变动力?选一个看起来很可能会成功的活动。经过时间的淬炼,最初的承诺最终会一一实现。

当然,中途会有障碍。你将会面对这些障碍。记住:事情可能会"分崩离析",这会给你一个将它重整组合得更好的机会。很重要的是,你允许障碍变成你前进时可预期的一部分,而不是你停下来的借口。

有很多研究显示,社交连接会强化个人改变动力。所以,你或许会发现朋友、家人,或是新同事跟你有共同兴趣。其中一人挫败了,另一人可以给予鼓舞和激励。

周密考量众多可能性

以下是快速作答题,帮助你找到适合你的快乐成瘾。

1.我真的对这个有兴趣吗?

2.为什么这个对于我很重要?(比如:我想要好的外形。我想要思路清晰。我可以认识更多人。我喜欢戏剧,但是我小时候无法实现这个梦想。)

3.身体健康是否有重要的理由?我想要感觉更好?

4.我选择这个项目,是基于什么原因?因为我朋友,因为很适合我,因为我可以参与其中,因为朋友想要跟我一起,因为朋友一直盛情邀约,等等。

5.我是否有这个项目所需要具备的条件(经济上、体力上、精神上)?

6.既然我的理由很充分,我一天愿意花多少时间在这个项目上面呢?

7. 我成功的概率有多大?我有多踏实?

8. 我有什么资源可以帮助我达成选择的目标?

9. 我现在就可以立即开始吗?

10. 我可以坚持下去吗?有什么其他合理因素我应该考量的吗?比如天气,或是其他不确定性因素(冬天下雪时无法在室外打高尔夫,弹钢琴会吵到隔壁邻居,等等)?

试衣间

你拥有所有正当理由,想要发展一种快乐成瘾,你要从哪里开始?以下是一个体验式练习,让你有机会去"试穿"某些点子。就像有些衣服挂在衣架上看起来很美,一旦套在你身上,就可能会发现需要做些修正。

1. 摆出一个动作，与你的怀疑态度相符合。比如，摆出一个身体动作，就像是在暗示自己，你无法在自己的快乐成瘾上坚持下去。这个动作看起来如何？或许你双手在胸前交叉，或许你眼球向上翻。

2. 摆出一个动作，就像你的快乐成瘾是这么有趣、这么值得你去做。看看镜子里的自己。摆出这个动作，然后自拍（终于找到自拍的正当理由了）。或是找个人帮你拍照。最后找个方法记录下来。或许你的肩膀是放松的，或许你的双脚充满能量，或许你的双眼散发光芒。

你能期待什么？何时发生？

坚持你的快乐成瘾，就是创造你精彩人生的康庄大道。

你会得到一种内在力量，支持你在个人和专业的道路上成长前进，同时也不会牺牲生活品质。有些人可能是第一次感到内心的平静安详。他们会说，这就像是一种催眠的美好状态。在催眠里，我们称之为解离。这种圆满幸福的状态，是通过你的快乐成瘾带出来的，同时让你对自己的人生拥有全然的掌控力。这真是太棒了！

通常，人们对于改变总是满心期待，但是往往在改变产生效应之前就放弃了。他们可能自我破坏，把问题归咎于别人，或是怪罪于小时候，而不是坚持下去。有些人可能用负面行为来麻醉自己，比如滥用酒精、食物或毒品。一旦你选择了你的快乐成瘾，并且展开行动,就可以看到自己从自我怀疑、悲惨、一事无成的沼泽里脱困。

是的,一开始你可能很兴奋要展开一趟新旅程,接着感受到不舒服或是挫败,但是这一次,不是放弃或是责怪你的父母,因为你会了解到这些感受是改变的一部分——而不是与它们分离。

当快乐成瘾在你生活中占有一席之地后,你会发现负面感觉明显消退得很快。也就是说,你会觉察到这些负面感受,并且能够有效处理它们。保持这个愿景(记住你在"试衣间"练习中的第二个动作),并清晰地明白在努力的终点,你会成为更坚强、更快乐的人。

快乐成瘾 vs 负面成瘾

尽管快乐成瘾与负面成瘾有些面向是相似的,但是它们带来的结果是完全相反的。要建立并维持负面成瘾是很容易很简单的事,要建立并维持导致精彩人生的快乐成瘾,相对来说不是那么简单。有一部分原因是,人们习惯无意识地滑进负面成瘾里,而快乐成瘾是一种自我意识的选择。

案例:谈谈乔治的情况

乔治了解到,他的工作狂态度和自我怀疑态度需要改变,所以在深思熟虑之后,他选择了"运动"作为他的快乐成瘾。

他一开始很不情愿（一点也不意外，他觉得自己没有时间运动），尽管一天只花10分钟运动。他第一周很辛苦，但是他抱持一丝成功的希望，继续坚持运动的习惯。

展望未来

以下练习，用来帮助你准备好拥抱新方法和使用新工具。改变，就算有很棒的动机，也有可能让人晕头转向。因此，我们想要创造一些弹性、灵活运用的空间，看见新的潜力，友善地朝着改变迈进。

练习3：脑力激荡大爆发

练习目的：在选择一种快乐成瘾之前，刺激"开放式思考"。

1. 拿一支笔和一张纸（如果你不想直接写在书上面的话）。
2. 运用以下"关键词句"，一次写一个，然后把它大声说出来。然后把联想到的所有内容都写下来。每个关键词句和后面的联想反应不要花超过1分钟。以下是一个例子：

喜悦

感觉良好、很少有这种感觉、需要更多、

我的小孩、女儿、笑、身体健康、开玩笑、跑步、

脑内啡、新鲜的空气、大自然。

自我满足

                自我肯定

内心平静

                  快乐

幸福感

　　　　　　　　　　　　　成功

愉快

　　　　　　　　　　　　自信心

自我价值

3. 在完成所有关键词句之后，检视一下你写了什么，看看哪个关键词句最触动你、最打动你。你可以把它记录在下面。

4. 参考前面的快乐成瘾清单"一些帮助你开始行动的快乐成瘾种类"，选择一两种你觉得与这个关键词句的联想反应最符合的快乐成瘾。写在下面，好让你很容易进行参照。

举个例子："喜悦"这个关键词句带出许多联想反应，会跟快乐成瘾里的跑步息息相关。

最触动你的关键词句：

_____

适配的快乐成瘾是什么：

练习4："是的，但是……"（一）

练习目的：认清阻碍我们朝着快乐成瘾前进的反对声音和理由是多么的愚蠢。

1. 把每个开头的句子念出来，然后快速不加思考地运用直觉把"是的，但是……"句子讲完。你的句子完成必须是正向的，就算这听起来很蠢、不合理。以下是一个参考例子：

"我在工作上没有任何空闲时间。"

是的，但是我可以通过……找到一些时间。

是的，但是我也没有其他事要做。

是的，但是这个工作让我赚很多钱。

下面你可以练习如何回答。

"我现在的生活模式没问题。"

是的，但是_____

"我有时候也有些快乐。"

是的，但是_____

"我的家人知道我必须工作到很晚。"

是的，但是_____

"我不快乐或抑郁时就喝酒。"

是的，但是_____

"我过着平静的生活。"

是的，但是_____

2. 选择一两种你觉得最有趣的直觉反应，然后思考一下，这些有趣的反应如何帮助你选择自己的快乐成瘾。

参考我们前面的例子:"我的工作没有任何空闲时间。是的,但是我可以找到一些时间,如果我准时下班,就直接开车回家/去健身房/去操场上跑步/去上西班牙语言课。"

3. 花些时间思考一下,你写下的所有直觉反应。直觉反应,通常会给我们一些线索,帮助我们了解生活正在发生什么,以及改变的可能建议。

你可以思考一下

1. 关于你的快乐成瘾,"千里之行,始于足下"是什么意思?

2. 对你而言,要保持快乐成瘾动力的最大挑战是什么?

3. 你写下的点子哪些可以帮助你保持快乐成瘾动力?

4. 这本书读到这里,你觉得自己开始一种快乐成瘾时,会感受/遭遇什么?当你进一步投入其中时又会遇到什么事?

5. 每个人都会有些负面成瘾。你有哪些负面成瘾可能影响你的快乐成瘾?

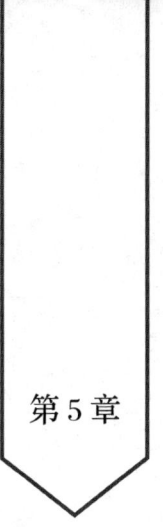

负面成瘾：打破束缚

CHAPTER FIVE

要种一棵供人乘凉的树,最好的时机是10年前,次好的时机是现在。

The best time to plant a tree was 10 years ago. The second best time is now.

——丹比萨·莫约(Dambisa Moyo)

由于多数人对负面成瘾比对快乐成瘾更熟悉，加上须先处理负面部分才有空间留给正向部分，因此这一章将聚焦于负面成瘾。

常见的负面成瘾

关于成瘾这个主题，通常最先想到的是药物滥用，但其实还有很多其他种类的负面成瘾。有些人是电玩成瘾、网络成瘾、微信成瘾与赌博成瘾等。另外还有情绪成瘾及性成瘾（这两者是经常被忽略或被误解的类别）。

你是情绪成瘾者吗？你如何知道自己是否情绪成瘾？

我俩之间只有原始的情绪，其他没有了；这是如此令人痛苦，但有一种甜美的刺痛叫人上瘾。

There is nothing between us but raw emotion, and it's painful yet has the sweet sting of addiction.

——彭内洛普·弗莱彻（Penelope Fletcher）

到目前为止，我们都在讨论对于某一种药物或行为的成瘾；

人真的可能对某一种情绪上瘾吗？鲁比诺（C.Rubino，2013）认为人们在经历负面事件后，会对这些事件加以诠释，然后创造一个通用原则，用它来塑造个人感知。

我们通常用以下三种情绪——生气、害怕、悲伤——的滤镜来看世界。换句话说，我们会对这三种情绪成瘾。

·生气：它的呈现方式是突发的暴怒、情绪摇摆、挫折容忍度低。它可能显露出不满意、失望、憎恨。

·害怕：它的呈现方式是对自己或他人缺乏信任、犹疑不决、无法做决定、怀疑、焦虑，甚至是拖延或逃避。

·悲伤：它可能展现为冷淡、漠不关心、无助或自卑。在想法上就像感觉这杯水总有一半是空的一样。

情绪成瘾不仅让世界变了色调，还可能变成我们的绊脚石。当我们面对人生难题时，会用熟悉的框架来处理一切。在这个过程中，我们可能被阻挡而无法前进，或是被困在一个痛苦的无限循环里无法脱身。所以，随时对你的情绪保持觉察有益身心健康，比如检查自己的整体状态，以及评估自己对负向情绪的依赖程度。下面的提问将能帮助你更清楚地了解你的情绪"设定值"。

你是情绪成瘾者吗？

思考一下，你对以下10个问题的答案，评量自己是否有情绪成瘾的可能性。如果你诚实作答，发现自己的反应多是负面情绪或负面行为,那么可以把它们视为情绪成瘾的警告讯息。

1.早上刚起床时你感觉如何?你是感觉放松、充满压力,还是感到无力?

2.你经常想起怎样的事情?早上脑海里浮现的是?晚上脑海中出现的是?(死亡?疾病?如何变快乐?)

3.当你体验到糟糕的感觉时,通常这种感觉从哪里来?(过去的失败?对眼前情况的焦虑?对未来的担心?)

4.当不顺遂的事情发生时,你会怎么反应?(你是带着负面行为或负面思考,还是乐观地忽略它?)

5.你每隔多久就会觉得日子"一切好像都不对劲"?

6.你通常对新奇的挑战情况会怎么反应?

7.你的朋友或家人是否认为你脾气火暴?你是否认为自己很容易动怒?

8.你是否很容易哭,而且常在不适当的时机?

9.你是否会因为别人的悲伤和沮丧而陷于负面情绪当中?还是你经常能够给予同理、支持并且继续向前进?

10.你是否把很多情况看成大灾难?你是否经常想象最糟糕的情况?

对上述一系列提问,若你发现有好几个警示红灯亮起,也许是时候该好好真实地检查你的情绪态度和行为了。在你尝试追求新的快乐成瘾之前,或许你需要先寻求专业人员的协助处理情绪成瘾。当然也有可能，你觉察到自己对情绪如何反应，就可以帮你更好地处理自己的情绪。

因为情绪成瘾很多时候隐而未见（人们无法在自己身上或是别人身上看见这部分），它能在不知不觉间对你的人生产生深远而负面的影响，所以培养觉察力很重要。

什么是爱情成瘾？

如同海洛因成瘾者追求的是药物诱发的高潮感受，性爱成瘾者也是狂热于化学物质——他们自己体内的荷尔蒙。

Just as a heroin addict chases a substance-induced high, sex addicts are binging on chemicals——in this case, their own hormones.

——亚历山德拉·凯特哈奇士（Alexandra Katehakis）

20世纪七八十年代，"性爱成瘾"的概念因为斯坦顿·皮尔（Stanton Peele）所写的《爱与成瘾》（*Love and Addiction*，1975）一书，而引起社会大众关注。匿名戒性瘾协会（S.L.A.A.）承袭了匿名戒酒协会的中心思想，举办了"十二步骤"的课程。现在我们把性与爱的成瘾定义为一种亲密关系障碍。性爱成瘾者会不断地想要和思考性爱行为及幻想亲密关系的发生，这样的念头和行为会对成瘾者的正常人际关系造成障碍。

性爱成瘾的准则包括：

· 花大量的时间获取、从事性活动，以及尝试戒断性成瘾。

·有种冲动要增加危险性行为的强度、频率和数量，如此才能获得想要的感受。

·若是无法从事性行为，就会体验到痛苦、焦虑、烦躁的情绪波动，坐立难安。

爱情成瘾的症状包括：

·无法停止与某个特定对象碰面，即使对方对你而言是一种毁灭性的吸引力。

·从浪漫感觉、性幻想或性诱惑当中得到"高潮"。

·通过性关系来试着处理或逃避生活中的问题。

·当性伴侣或爱人不在身边时，会感觉绝望或生病了。

所以，你是否认为自己太老、太年轻、太重要、太聪明，或高效能运作，使你体验不到负面成瘾？

不论你是谁、你是什么身份，成瘾都可能找上你。当一个人开始依赖某样东西，这就是成瘾！当这种依赖处于令人讨厌的情况时，通常会造成很糟糕的后果。我们就把这种成瘾定义为负面成瘾。人人都可能沾染负面成瘾！不管你是依赖一种药物，比如酒精，或是一种行为，比如赌博，负面成瘾都可能控制你的人生，不论你的人生是伟大还是渺小。

很多人也许会说："我不想成为一个成瘾者！"没有人想要成瘾。但是，在我们的生活环境里有很多的潜在风险因素会诱发成瘾，特别是对某些人来说，屈服比逃离来得更简单。

有哪些风险因素？

常见的负面成瘾因素包括：

- 身边（经常）有成瘾者。
- 正在服用处方药物，而这些药物可能让人成瘾。
- 有生理或心理问题。
- 来自一个有成瘾历史的家族里，或身处成瘾家庭里。
- 处于一种高压职业或生活情境里。
- 处于孤单、抑郁、自怨自艾或自卑的情绪里。

我们了解很多成瘾者从青少年时期就开始了。年轻人最脆弱，尤其无法抗拒毒品和酒精的诱惑。研究发现，毒品成瘾是一种疾病，当吸食毒品时，大脑的运作方式就改变了。毒品成瘾者会忍不住诱惑而再次吸食——他们对于这种魔力无法抗拒，就算知道毒品会对身体和心理健康产生致命的影响，也不在乎。

当然，除了青少年，还有其他群体对成瘾也没有抵抗力。大部分负面成瘾根源于烦躁不安、无聊、同侪压力、自卑、缺乏自我价值感、寂寞、抑郁、焦虑、恐惧，以及失去控制感。以上这些问题，我们在人生某些点上都会遇见，但对那些变成负面成瘾者来说，这些感觉太过强烈而且无法控制。

成瘾是顽强的，但是我们能够击败它。如同亨利·福特（Henry Ford）所说："不论你觉得你可以做到，还是觉得你无法做到，你都说对了。"

"每一次我都告诉自己,这是最后一次……每一天都是最后一天……每一周都是最后一周……但是到现在……我还是继续成瘾……继续成瘾……继续下去……"这些话对成瘾者来说,就像虔诚的祈祷一般,希望有一天可以克服这种负面成瘾。其实,我们如果从习惯性思考中逃离,有些成瘾是能够被终止的,只要我们改变自我的内在对话——进行一次有计划的祈祷。

体验性活动:记住成功的时刻

1.回想过去当你……

当你养成一个新习惯,或者……

当你克服了一个困难阻碍/问题/挑战……

2.看着镜子中的你。摆个姿势展现那个成功过程中你的感受如何。来张自拍照。再次体验你当时的想法、感受和感觉,就像你试着学习、试着前进、试着改变一般。或许你表情凝重,或者你身体摇摆。让你的身体代替你"说话",让身体表达你的内在记忆。

3.再一次看着镜子中的自己。现在,摆个姿势展现当你成功做好那件事时你整个人的感觉如何。来张自拍照。重现你真的成功时的想法、感觉、感受。

改变从不是简单的事情,甚至很有可能让成瘾者对放弃负面成瘾的想法感到矛盾,而不想放弃。"我知道我应该停止,但是我并不真的想停止……但是如果我不停止,我的人生将会毁了……但是我享受那种快感。"这种恶性循环思考很常见。处理的方法是,坚决地下定决心要改变。完全没有讨论的余地,你必须做决定。

然后详细地检视自己，你如何处理压力，你如何利用空闲时间，你怎么看待自己，你都跟什么样的人交朋友，等等。这样做，你就跨出了小小的一步，去面对你的负面成瘾；你小心翼翼地检视你的人生，所以在你康复之前，你可以辨识出警告信号和诱惑因素。

了解自己很重要。接受你的负面成瘾是一种病症，你会开始想要——你真的想要——一个全新的"脱离负面成瘾的你"，远远超过想要那个负面成瘾的你。使用你的"想要—力量"跨出第一步，这会给你一双展翅高飞的翅膀。

克服负面成瘾的有效步骤

正向进击

以下的活动或是练习没有固定顺序。哪个对你有用，就去做哪个。

- （在日记中）记录下你的负面成瘾：在什么地点、何时发生、持续多久。让这些细节浮上台面。
- 填写一张损益表，试着用快乐成瘾来取代负面成瘾。
- 写下理由清单，为什么你想要改变。
- 思考一下你过去所做的尝试。把它们写下来，同时记录失败的原因，什么做法有效，什么做法没效。

- 思考一下（并列出）你生命中重要的事物，比如家人、朋友、事业、嗜好、健康、经济上的保障。
- 脑力激荡你的个人障碍——有没有什么事情阻止你现在改变？或许因为人手不足，工作上有很多压力。或许家里有小孩让你生活压力很大。又或许你现在手头现金短缺。让你自己自由联想。
- 脑力激荡你的个人资源——你有哪些资产可以帮助你顺利改变？或许你有情感上的支持，或者你有经济上的保障。或许你想起曾经戒除其他坏习惯，或是能够预见成功地创造某件新事物。让你自己跳脱出限制框架进行思考。
- 想象一下你脱离了负面成瘾的情况。你会想到什么？你感觉到什么？你如何看待自己？你如何看待别人？来张自拍照。
- 把家里或工作环境中的成瘾诱惑都移除——移除酒瓶、香烟、饼干。
- 写下某个你可以信任、对你有帮助的人。要求那个人诚实地告诉你关于你的负面成瘾，他/她的看法或感受是什么。讨论一下他/她可以如何支持你。
- 要求你身边最亲近的人（比如家人）提供支持。
- 要求你所属的社群团体支持你。

如果你像我们所说的这样，开始探索你的选择，有意识地选择改变，你就能改变。先想象你可以改变，然后收集证据支持你的改变，想象力就会开始生根并进入你的现实生活里。

有时候可以考虑接受心理治疗，帮助你探寻潜藏的问题根源或病症的起因（记住，成瘾是一种痛苦的病症）。心理治疗就像其他所有外来协助一样,是帮助改变发生的资源。

此外,还有更多活动可以帮助你推动改变计划。

正向生存策略

· 运用适当的策略,比如心肺有氧运动,这会释放"愉悦"脑内啡,减轻压力、提升幸福感(心肺有氧运动包括:慢跑、快走、跳绳)。

· 到户外走走,享受新鲜空气(就算下雨也没问题)。尽情呼吸大自然的纯净气息,用所有感官去感受大自然。

· 尝试一种放松且让心平静的运动,比如瑜伽或太极。

· 和你的宠物玩耍——丢颗球让你的狗去追,模仿鱼的样子,拿条绳子跟猫玩耍。

· 听音乐。闭上眼睛,试着用心听,感受旋律,让音乐里的情感流经你的心田。

· 让四周充满舒服的味道——香薰蜡烛、新鲜咖啡豆、花香味的香水。

· 回想童年快乐时光。闭上眼睛,回想某个快乐回忆。或许是你和好朋友共进一次愉快晚餐,或许是你独自坐在沙滩上、坐在山间的小溪旁,或许是你漫步在翠绿的森林里。不论你想到什么画面,让自己全然待在那个画面里一会儿。

· 享受按摩。

· 吃点美味而天然的食物——一个多汁的柳橙、一片酸甜的凤梨,或是一盘新鲜蔬菜沙拉。

这些简单的正向策略，只要你用心投入，就可以创造出平静和放松的感受。它们可以帮助正在戒断的成瘾者，帮助他们学习控制自己的成瘾，从诱惑当中脱离出来，而不会掉入同样的恶性循环里。

成瘾渴望的正向管理

· 首先我们要认清一个事实，成瘾症状发作时的渴望可以是，也将会是非常强烈的。要下很多功夫避开诱惑你的人，以及诱惑你的地方。比如，如果酒精是你的成瘾，就避免去酒吧、俱乐部或其他容易获得酒精的地方。花些时间脑力激荡，把所有可能造成问题的人、地方都列出来。预防胜于治疗！

· 建立新的连接。寻找能支持你从事快乐成瘾、阻止你继续负面成瘾的人、地方。

· 诚实地看待自己，并且评估自己的负面成瘾，因为（不论在什么阶段）我们很容易掉进否认和自我欺骗里。换句话说，我们很容易说服自己"我的成瘾并没有像我想象的那么严重"，或者说服自己"我从明天再开始控制那个成瘾问题"。

· 重新检视你如何面对与处理那个渴望（不仅仅是跟成瘾有关的渴望）。当一个强烈的渴望袭击你的时候，你会怎么做？怎么想？有什么感受？现在想想看，你可以用哪些快乐成瘾来取代？写下一份快速清单"替代方案"，随身携带。

· 跟你的亲密朋友和家人分享你的对应策略。

· 一次用1分钟的时间，去感受那些非常强烈的渴望。其实，它们不过是生命里的高潮低潮，可预期的、正常的一部分，然后消逝。换句话说，它们的出现一点也不意外。

·记得，当你只想着负面成瘾带来的即刻快乐感受时，其实你只想到了一半。比如，你聚焦于一杯酒带来的轻飘飘的感觉时，你其实忘了（可能是故意忘记）随之而来的其他负面感受，比如呆滞、后悔、羞愧与生气。

·提醒自己要加强健康习惯的养成，比如运动、充足睡眠、健康饮食，特别是当某个强烈的渴望一波波冲击你时。在这种时刻，立刻问自己"我的健康习惯在哪里"，而不要屈服于那个渴望，试着激励自己朝向健康习惯的方向前进。比如，当渴望啃噬着你的身心，试着吃个苹果、睡个午觉、出门散步，或是听听音乐。

一些不尽如人意的挫败

当我们考虑到负面成瘾的严重程度，以及它处处皆是诱惑的本质，即使是下定决心要成功戒除的成瘾者也免不了遭遇挫败。

克服的诀窍就在于超越这个艰难时期，继续执行你原定的计划。我们要明白，就算是最微小的挫败，都可能产生巨大的心理冲击。它会让你感到无助、失去控制，无法坚持下去。

以下提醒可以帮你重返正轨。

·了解你也是人；人类是很脆弱的，我们都会犯错。
·停下来——检视一下自己：我现在在哪里？

- 同意你自己重新开始——就是现在！重新承诺自己。
- 记录你的挫败。试着找到诱发因素。
- 寻求支持。诉说。聆听。
- 练习！练习！再练习！

当你面临挫败，第一件事是停下来，然后在这个暂停的时刻里，采取所有必要步骤，避免情况加速失控。同时，你要明白每个人都会遭遇挫败。遭遇挫败不代表你就是一个失败者；它意味着你需要重新评估，再出发。

案例：回到乔治的例子

到目前为止，工作狂加上自我怀疑的乔治，做了个认真尝试，去创造一种快乐成瘾（运动），同时他也在跟他的负面成瘾辛苦搏斗，并感到不堪负荷。他体认到他的自卑，以及伴随而来的抑郁，加上他家人的成瘾历史（他父亲有酒精成瘾），使得他的戒瘾之路更加困难。但是他并不打算因此而放弃，即使目前看来他每次都是进一步又退两步，他仍坚持向前。

展望未来

以下练习用来支持你探索，对于多样化行为保持开放，让你去处理渴望与其他潜在问题。

练习5：改变结局

练习目的：对每个句子写下几种自发性的结尾，用来训练你的想象力。很明显，你会感觉到每一种情况都可以有多种不同的结局。

1. 朗读句子的开头，然后用三种不同的结局来完成这个句子。动作快，不假思索地写下你的回应。以下是个例子。

当阳光闪耀……

……我想出去玩。

……大家都很快乐。

……我的办公室好热。

我吓坏了，当……

_____

_____

_____

一切都很安静，然后……

_____

_____

_____

这种恶心的生物……

_____

_____

_____

那真是完美的一刻，直到……

_____

_____

我开始大笑，然后……

_____

_____

_____

2. 检视一下自己不同的回应。哪些比较好？哪些更真实？哪些有点愚蠢？哪些显得不负责任？请试着根据每种回应的真实程度来分类并做标签。

3. 思考一下你想处理的负面成瘾，或者你想追求的快乐成瘾。写下几个与它们有关的开放式句子，然后用几种不同的方式写下"结局"。让你自己看看，人生的道路可以用怎样不同的方式展开。

练习6：禅之花园

练习目的：运用另一个简单技巧来克服过去的冲动习惯。

1. 拿一支铅笔（不是圆珠笔），在其他纸上，画一条弧线。再画与第一条平行的第二条弧线，画第三条以及更多条；每一条平行于前一条线，距离相近但彼此不相交会。创作出一幅禅的花园里漂亮沙石的图画。

2. 当画满整张纸，用你的手指跟着那些线条移动，一遍又一遍，持续几分钟。

3. 留意这个简单练习带给你的平静感受。每当你感觉到压力及伴随而来的渴望时，你可以重复进行这个练习。

你可以思考一下

1. 哪三种情绪常造成人们情绪成瘾？而其中，你是否有对哪一种情绪成瘾？

2. 学术研究里对于药物成瘾和大脑间的关联有什么样的看法？

3. 写下关于负面成瘾的"正向生存策略"，越多越好。复习一下，前文提及的策略哪些你忘记了，为什么有些策略容易记住，有些策略容易忘掉？是因为其中一些策略你比较有共鸣吗？

4. 问问自己，如果遭遇挫败，该怎么做？如果不翻回去看，你能记得多少建议？

5. 问问自己，关于负面成瘾，你学到什么你以前不知道的？

第 6 章

沿途路障与道路地图：一路前行

CHAPTER SIX

真实世界不会奖励完美主义者。它奖励能够把事情做完的人。

The real world doesn't reward perfectionists. It rewards people who get things done.

——席雅德·阿伯丹诺（Ziad K. Abdelnour）

* * *

如果你没有能力改变你自己及你的态度，那你周遭所有事情都不会改变。

If you don't have the capacity to change yourself and your attitudes, then nothing around you can be changed.

——《古兰经》（The Koran）

阿比盖尔·利普森（Abigail Lipson）与大卫·柏金斯（David N. Perkins）写了许多学术文章与书籍，比如《路障：离开你自己的道路》（*Block: Getting out of your own way*），解释了为何有时候我们没有办法坚持生活里自己喜欢的活动。是什么阻碍了我们去享受做自己喜欢的活动？比如，为什么会有人停止去做自己喜欢的运动？或是尽管自己很喜欢某个活动，却一直懒于去做，或是明明自己很期待的活动，却总是迟到？当我们思考"为什么做不到"的原因时，或许该换个角度，思考"是什么阻挡了我们"。

挫败（路障）是所有人人生中的一部分。没人能幸免。但我们知道这些路障存在的目的是让我们可以仔细检视并且更有效地处理它们。同时记得，并不会因为我们找到一种实际的快乐成瘾就能够保证成功，而不被路障袭击。我们必须下足功夫，努力不懈。我们注意到，大多数成功的人都有共通点，他们通常会：

- 确立明智的目标，并且根据情报做出睿智选择。
- 立即掌控整个情况，而不拖延。
- 聚焦在"行动"，而不是"看起来很积极"。
- 避免过度合理化，同时也不追求完美。
- 记录一切并追踪进度。
- 保持正向愿景。

成功的人不会躲避风暴,而是在狂风暴雨中跳舞!

拆解沿途路障

在迈向成功的路上有很多种路障。我们将找出一些常见路障,教导你如何克服它们,让你可以继续朝着你的快乐成瘾前进。前进需要一种胆量——有胆量展现强韧、更多微笑、更坚定地奋斗、心胸更开阔,并且在需要时学会接受帮助。

下面是常见路障的简易清单:环境影响力、潜在影响力、要求完美的压力、欺骗自己、掉进成瘾感觉,以及落入恶性循环。努力分辨与你有关的那些路障。你无法打败看不见的敌人。

环境影响力

第一个路障来自环境,意思是在生活周遭有许多情况会干扰、打乱你的计划。

有时尽管有正向意图,我们还是冲动购物、暴饮暴食,或是对事情过度反应。环境的影响力来自四面八方,包括 24 小时,甚至全年无休的互联网购物;我们也可能去购物城,买东西、聊天、吃东西,满足各种广告给我们的诱惑;或是开车时对交通感到愤怒;在公共场合里发飙生气。这些环境影响力可能淹没我们,阻碍我们成功。

当我们屈服于旧习惯,接下来常会产生自我批评。我们会看低自己，开始有负面思考："我真是个失败者""我一点意志力都没有""我好自私""我光说不做"。环境路障会搅动类似的行为重复发生，阻挠我们迈向成功。

潜在影响力

第二个路障潜在影响力，可能较难了解。

比如，一个人试着把工作做好，想做好，却总是漫不经心，以致最后被老板辞退。他原本心里不是这样想的，但是潜在影响力从中介入（在这个例子里是潜意识的渴望漫不经心）。可能在某个层面上，这个人真的不想要这份工作（他爸妈逼他要找份工作），因此"潜意识设计"让他失败。他内心里对这份工作的讨厌就是造成失败的潜在影响力。

如果我们要找出并有效处理这个问题，需要一个意识的自我检查行为来面对潜在影响力。我们都难以看到自己的缺点，而严格的自我检视可以发现潜在影响力。或是找个你信任的朋友，一起寻找那些你忽略或是没有看清楚的部分。

要求完美的压力

另一个路障是要求完美，这是一种病态的追求。

比如，一个人非常努力想成为完美的跑者到了病态程度，比完美少一点点都无法接受。如果在某个点他发现自己其实不适合跑步，完美主义者是无法接受所谓的失败，然后优雅地转向另一个追求的。

为了实现目标,你需要努力,这是对的,但是同样重要的是,拥抱失败并把它看成是学习和成长的美好机会。没有人是完美的,但是完美主义者无法接受不完美。因此,在迈向你的快乐成瘾的成功道路上的第一步,可能是辨认出这种人格特质。

欺骗自己／合理化／找借口

欺骗自己,意思是把自己所犯的错误或失败合理化,或是为没办法坚持下去找借口。欺骗自己是一系列的行为和态度,是一整套包含心态与行为的模式,逃避而不去对一种情境进行正确的评估,然后接着逃避判断或避免承担个人责任。

我们思考一下,一个人想要达成某些目标,却抱怨自己的不快乐童年是阻挡他前进的障碍。或是,一个人给自己找借口,说运动是不可能的,因为"没有时间""附近没有健身房""晚上不适合体力运动"。或者抱怨工作太忙碌,无法保持一个"健康饮食"的目标。是的,这些人全都沦为欺骗自己这个路障的猎物了。

另外,有一种自我欺骗跟贬低自己有关,这种类型的人会降低自己的标准或是看轻自己的能力。比如,一个人想成为作家,他选择"为了快乐而写作"作为他的快乐成瘾目标。他可能觉得一天只需要写一行就够了,或是写作几分钟后,大脑感觉到疲劳,暂时再也写不出东西了。

否认,经常是自我欺骗的主要元素。欺骗自己就是否认事实到某种程度,我们愚弄自己开始相信自己的谎言。研究显示,一般人每天都会说几个"善意小谎言",但也就是这些跟自己说的小谎言,会造成最大的问题。这个问题的背后有很多原因,从小事情上的自我控制,到全面性的失控妄想都包含在内。

思考一下你会对自己说的几个小谎言。我再看10分钟电脑就好,结果两小时"莫名其妙地"过去了!或是,我再吃两茶匙冰淇淋就好,然后整桶冰淇淋"很神奇地"消失了!或是,我只是到商店买瓶洗发水,结完账看到金额是预期的十倍,"我也吓坏了"。

我们每个人都会有一些上面提及的坏习惯,创造一种新的方式面对这些习惯可以改变一切。与其问自己"为什么我不能坚持到底",不如问自己"我如何善用这个机会在更深层次上与自己和解,并且继续向前"?

掉进成瘾感觉

这个路障告诉我们,随时随地我们都被许多不同的分心事物包围,它们会吸引我们的注意力,很多时候它们看起来比我们的快乐成瘾更有吸引力。我们的注意力很容易被很多活动吸引,并且在当时它们真的很诱惑人。吃份点心、喝杯啤酒、看一会儿电视、打电话给朋友、浏览微信朋友圈,甚至是打扫一下——包罗万象的事都在诱惑你。

但是,从长远看来,这些事情具有同等价值吗?我们为何在这些活动上浪费时间,而不去做更有意义的事情?它们如何干扰我们的快乐成瘾?对这些冲动诱惑臣服,就像塞一把薯片到嘴巴里,而放弃了一顿美味又营养的餐点一样。

我们需要把这些冲动需求计算在内，并做好准备，才不会被它们突袭。通过改变环境，你才可能准备好让自己迈向成功。比如，在冰箱里放满健康食物，或是每天要求自己关闭电脑一段固定时间，或是做些社交活动计划，而不是等待随兴的活动出现。创造更多高价值的活动来平衡成瘾诱惑活动很重要。我们总是说"花时间做事"，那我们就应该这样思考："我想要如何安排我的时间？"

落入恶性循环

当你的情结和隐藏影响力创造出一个自我增强的循环时，这个路障就出现了，并且很难克服。我们对于困在这种恶性循环里的感觉都很熟悉。

比如，一个总是想取悦别人的人，很可能别人都不会尊重他。因为一个"老是想要取悦别人"的人很容易让人讨厌，会导致事与愿违，他迫切想要被别人接纳，最终反而处处被人拒绝。"老是想要取悦别人"这个策略将一个人困在恶性循环里，经过一段时间，情况会更加恶化，他越努力讨好别人，就越会造成负面结果。

另一个例子，一个没有安全感的人通过喝酒来逃避冲突事件，这给他自己设下一个被拒绝的圈套，将会有更激烈的冲突发生，因为他逃避事情不去解决，事情只会越累积越多。一开始的恐惧更加恶化，然后他就需要喝更多酒。唉……

还有一个诱发恶性循环的常见原因：老是担心被遗弃，最后以孤单收场。当一个人的担心过多，会把他困在一段关系中很久，当这个人终于挣脱这段关系的枷锁,那份本来待在关系之外的担心,很有可能把他再次带进一个相同的恶性循环。为什么会这样?因为"担心自己最终以孤单收场"这个念头,会带领他朝那个方向前进,除了恶性循环,哪里也去不了。

我们有可能管理路障?

休息一下。做个深呼吸。如果你还受困其中,用全新的眼光看待,或是找个导师询问。

Take a break. Breathe. Look at it from fresh eyes and then ask a mentor, if you're still stuck.

——戴尔·托马斯·禾根(Dale Thomas Vaughn)

所有阻挡你走往预期正向结果的路障或问题,都能够被管理。伟大的网球选手亚瑟·阿什(Arthur Ashe)说过:"待在你所在的地方,运用你拥有的资源,做你能做的事。"让我们找一些方法,灵活运用阿什先生这个观点。

辨认出路障

当你遇到一个路障,绕过它。

When you come to a roadblock, take a detour.

——芭芭拉·布什(Barbara Bush)

首先你要辨认出，在你走向成功之路上的路障。正因为路障是你的一部分，针对你个人以及你独特的生活形态而产生，因此自我觉察是关键。

试着用一种批判挑剔的眼光，找出是什么或是谁阻碍了你，挡住你的路。随着自我觉察的程度增加，路障会随之缩小。在觉察的光照之下，路障控制你行动的力量将会消逝。

保持积极态度

天空不会落下玫瑰雨：当我们想要拥有更多玫瑰，我们必须种下更多玫瑰。

It will never rain roses: when we want to have more roses, we must plant more roses.

——乔治·艾略特（George Eliot）

保持积极，并且避免负向自我对话。你需要了解过程中一定会遭遇退步与失败，所以你要准备好面对它们。继续不断地告诉你自己，你的快乐成瘾不是为了竞争，你可以按照自己的风格和步调来进行，不需要跟别人比较。不用着急。保持积极态度会帮助你对自己有更多耐心和包容，这会帮你克服路障。而了解到路障会经常出现，则会帮助你保持积极态度。

负面思考是路障架构里的一部分。我们来探讨以下模式：

（1）夸大与缩小。认知想法扭曲包含夸大强调负面事情，同时轻描淡写带过正向经验。还有一种形式的扭曲称为"灾难化"，当你想象并预期最糟糕的情况可能会发生，造成高度压力与焦虑，灾难化的负面思考就会出现。

（2）感情用事。感情用事的人会把自己对某个情境的情绪当作证据，而不是客观地检验事实。"妄下断语"正是感情用事的一个例子。对于感情用事的人来说，"我对你很生气"，绝对不会是句子结尾。相反地，这个情感的描述背后一定有隐含的事实："……所以一定是你做错了什么。"冲动地感情用事只会让问题更加恶化，而无法解决问题。

（3）"应该"陈述句。"应该"陈述句，比如"我应该做得更好……"，是一种扭曲事实。我们要小心仔细地检视我们的内在对话，找出不正确的"应该"句子，只说事实。做个练习，把"应该"改成"将会"，然后再说一遍新的句子。

（4）贴标签与贴错误标签。喜欢给别人贴标签或贴错误标签的人，很习惯创造对自己以及别人错误或负面的分类。比如，"我是一个没有希望的失败者"。给人贴上标签，将其固定为一个角色，这会阻碍我们看见一个人真实的样貌，在关系里导致冲突。用这种方式贴标签，就会把一个人和他的行为或是结果紧密结合在一起。

"我是一个失败者"，这种说法就像把"我"放进一个小盒子里，或是锁上门，永远关在里面。如果换成另一种说法，比如"事情没有我想象的那样顺利"，就提供了一些喘息空间，能够用来检视自己，找到改进方法。

（5）矛头对准自己。有些人习惯把他们无法控制的事情归咎到自己身上，怪罪自己。他们常常会为了别人的行为和感受或者拿别人的行为和感受责备自己。又或者为了他们自己的感受怪罪别人。

比如，一个人因为大环境下经济形势不好，公司需要缩编裁员，而他刚好是新进员工之一，因此被解雇。尽管如此，这个人还是会认为自己失去工作是因为工作表现太差劲。将矛头对准自己不仅不正确，也带给人沉重的压力。

处理伤痛

> 将你的伤痛转化成智慧。
>
> Turn your wounds into wisdom.
>
> ——奥普拉·温弗瑞（Oprah Winfrey）

很多自我帮助的书籍聚焦在坏习惯上，而不去检视根本的路障或问题。我们会建议你看看，坏习惯的背后有什么：你试着要逃避什么或害怕什么吗？你的快乐成瘾——一个正快速养成的好习惯会增强你的自信心——它需要成长空间。一旦发现心灵深处的某些阻碍模式，你可以自我检视扫除路障，或者找个治疗师或朋友帮忙处理，这样你的快乐成瘾就不用费尽千辛万苦地穿越许多负面路障。

但是对很多人来说，处理造成路障的深层情绪是最不容易的。诚实地面对自己并不是一件简单的事。而且我们身边的人很多时候对我们没有帮助，大部分的人会说我们想听的话。我们虽然也想听到关于自己好的那些事情，但内心里还是知道自己不好的那些事情（尽管我们花很多心力想要逃避它们）。

我们倾向于不去看自己的缺点，这样做也绕过了隐藏在坏习惯背后的事实。然而，我们掉入另一个恶性循环中。

因此，处理深层的伤痛是克服路障的第一步，要正视那个部分，而不是困在恶性循环里绕不出来。这才是正确方向。

关于路障的摘要

西德尼·西蒙（Sidney Simon）在 1988 年的研究里找到一些路障元素，大多数人都有其中几样元素的组合。

- 没自信心。感觉卡住了。无力改变生活，却想要更好的生活。
- 无法看到其他选择。
- 随波逐流，比如，接受别人的意见。
- 给自己找借口："是的……但是……"记住，这种想法会削弱改变的动力。
- 对于改变感到害怕，不敢改变。
- 觉得没有人支持，孤立无援，却也不愿意寻求帮助。
- 要求完美。
- 缺乏决心或意志力去贯彻改变。

我们多数人在生活里都可以找到证据支持以下基本道理：

- 光有想法还不够——我们必须加以运用。

- 光有意愿还不够——我们必须实际去做。
- 光有渴望还不够——我们必须采取行动。
- 光有思考还不够——我们必须向前移动。

当然,这些都是同一主题的不同说法:心之所想、心之所望,展翅高飞。

案例:话说乔治走到哪里了?

乔治,认真踏实地走在他的旅途上,面对许多路障,包括严重的自我欺骗与要求完美。他无法保持积极正向,变成一个经常拿"应该"来苛求自己的大师。此时,他感觉这趟快乐成瘾的旅途毫无意义。于是,他回顾了"西蒙的路障",了解到他让许多路障带偏,从而偏离了原来的道路。这次自我觉察帮他注入了一针强心剂,让他可以再次向前行,也使他更了解自己,更关注进步过程中的许多细节。

展望未来

想象道路前方有一个路障。假设你无论如何一定要走到路的另一头,没有回头路,你会怎么做。

练习 7：转化它

练习目的：通过多种好玩而不寻常的实验方式，发现自己改变或是"转化"路障的潜力、能力。从受限的旧习惯中自由发挥你的想象力，设置一个舞台，建构新的好习惯。

1. 把以下每一个词语当作一个线索，脑力激荡出各种可能的替代"用法"或"转化"。比如：

咖啡杯

可以当作猴子的帽子，可以当作花瓶，

可以放汤匙，可以插花当作花盆，

可以作为武器，当作槌子，

可以作为擀面棍，

当作圆规（拿来画圆圈）

铅笔

剪刀

尺

　　　　　　　　　　　　　　　　　曲别针

互动式电子白板

　　　　　　　　　　　　　　　电脑屏幕

椅子

2.在追求快乐成瘾的过程中，把你想到的最有趣的点子记录下来，当有需要时就看看这些笔记。

练习8：潦草乱写、揉成一团、撕毁丢掉

练习目的：通过实际行动，享受"摧毁"负面情况、情绪或行动——它可能在你进步的路途中是一个路障。

1. 找一张纸、一支笔，不假思索地写下任何浮上心头的字句，包括会妨碍你前进的负面情境、感受或活动。比如，你可能受限于一种冲动，总想要事事完美（路障），所以你写下的字句可能包括以下描述："我痛恨失败""我必须永远都是对的""我无法忍受输的感觉""我不够好"。

2. 继续奋笔疾书，直到写满整张纸。不过，或许你已经绞尽脑汁挤不出任何东西了。

3. 现在把这张纸揉成一团。很缓慢地做这件事，仔细体会在把它揉成一团的过程中感受到什么。

4. 把揉成球的纸团展开，撕成一小片一小片的，同样很缓慢地做这件事，去感受这个过程中你心情的变化。

5. 把这些碎纸片丢掉，并且想象"把它们彻底丢掉"，当你这样做时，放下你对要求完美的执着。

你可以思考一下

1. 对你来说,"拆解路障"是什么意思?

2. 尽可能回想起你还记得的路障种类。你记得的那些路障很可能就是你要小心留意的。最后再翻回前面,看看你遗漏了哪些路障。

3. 回想过去你是否曾经不自觉地"自我欺骗"。当你想起那个时刻,思考一下当时你如何自我欺骗,如果重来一次,你会怎么做。

4. 回顾西蒙所辨识出的路障,找出与你最相关的路障。将来遇到它们,你会怎么处理?现在就写一个战略计划吧。

5. 想想你花了多少时间在"我知道、我愿意、我渴望、我思考"上面。想象一下一旦你采取行动,将会有何不同。告诉自己,这一次,就从现在开始,你会妥善利用你的时间!

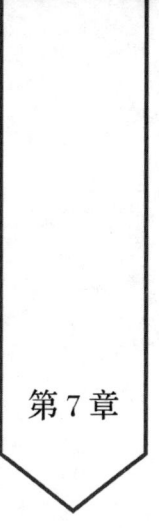

第 7 章

评估准备程度：改变的泉源

CHAPTER SEVEN

今天还没准备好的人,明天也不太可能准备好。

He who is not in readiness today, will be less prepared tomorrow.

——马库斯·瓦莱里乌斯·马提亚尔
(Marcus Valerius Martial)

准备程度（readiness）指的是一种完全准备好的状态，下定决心要做某件事，对情境、目标和过程都带着热情、乐观的态度。我们把准备程度看作一种支持快乐成瘾行动的生生不息的泉源。你的快乐成瘾需要多大的改变力量，你就需要保持多大的觉察力，了解自己的准备状态有多好。

准备好了，意思是有良好的状态和完善的资源，拥有清楚一致的愿景目标，有正确的心态和观点去创造改变。执行改变是一个大工程。这也是为什么准备程度评估有时被认为是"风险评估"。因此，你应该详细地检视一下如何评估准备程度或是潜在风险，因为你的快乐成瘾将在你生活里产生重大影响、改变。这一章是有关快节奏、有很多练习的一章，帮助你动起来！

开始之前，请先完成下面的简短测验，这会帮助你评估在迈向快乐成瘾之前你的准备程度如何。每一题简单地回答"是""否"或"有时"，三选一。

测验：你准备好了吗？

是/否/有时　1.当我在一个项目或任务上遇到问题时，我会快速地寻求解决方法。

是/否/有时　2.当遇到困难时，我通常可以独立应付它。

是 / 否 / 有时　3. 开始尝试一个新的项目或挑战时，我会感到害怕。

是 / 否 / 有时　4. 当开始一个新项目时，我会把它切分成容易处理的小区块。

是 / 否 / 有时　5. 当要做我不熟悉的事情时，我很快感到受挫沮丧。

是 / 否 / 有时　6. 我会按部就班、稳定规律地遵循日程表。

是 / 否 / 有时　7. 如果我不喜欢某些事物，我会很快地转移到其他事物上。

是 / 否 / 有时　8. 我会列出许多清单。

是 / 否 / 有时　9. 我对自己有信心。

是 / 否 / 有时　10. 对于我选择的快乐成瘾，我感到完全自在，有信心。

关于每一题，你的答案的意义：

1. "是"是最好的回答，代表你已经准备好要出发了。

2. "是"是最棒的回答，代表你在朝着快乐成瘾前进时，大部分时间可以靠自己坚持下去。

3. 如果你回答"是"，在开始之前，你可能需要先找个老师讨论一下你的快乐成瘾这件事。

4. 回答"是"表示你会做得很好，一次一小步，是迈向快乐成瘾的最佳方法。

5. 这一题如果你回答"是"，那你在迈向快乐成瘾之前，需要进一步了解你的挫折忍耐力，并学会应对挫折。为了在快乐成瘾上成功，你需要保留一些弹性空间，包容走错路或是不完美的经验。

6. 回答"是"代表你拥有维持每日规律生活的能力，而这是开创某些新东西必要的基础条件。你已经准备好开始你的快乐成瘾了。

7. 如果你回答"是"，花点时间思考一下如何坚持你的选择。你需要在你的快乐成瘾上坚持下去，直到它变成你生活的一部分，用别的东西来替换是无济于事的。

8. 对这一题说"是"，是很棒的。对于你的快乐成瘾，坚持写清单或笔记，这是一种有效率又有帮助的方法。

9. 当然，"是"是个超棒的答案。但也应谨记在心，当你拥抱快乐成瘾时，"有时"或是"否"的答案也可能转化成"是"。

10. 如果你这一题回答"否"，请重新思考你的快乐成瘾选项。有可能你设定的快乐成瘾已经过时了，或者是别人的想法。你的选择是无限的，你拥有无限可能性。记住，你现在选择的快乐成瘾就像是个最好的新朋友一样。你寻找有哪些特质的伙伴呢？

注：只要你在任一题中回答了"有时"，都代表在正式进行快乐成瘾前，最好多下些功夫来"做好准备"，让它们成为充分准备之前的温柔鼓励——没有理由停下脚步。

要进入准备好的状态需要多长时间？

回答这个问题之前，我们先来看看几种熟悉的情境。当一个篮球员将要罚球时，他会首先做投篮动作让自己准备好。当高尔夫球选手要挥杆击球前，会先试挥几次，专注在他想要的落点处，做好准备。这些是"瞬间爆发型"的准备好状态。当一只老虎或狮子靠近时，动物们的逃跑准备状态是转瞬即发。

当我们打包要去旅行时，这是比较长的准备状态。为了一趟旅程，我们的"准备"包含了行前的思考和行动。女人怀孕生小孩也需要一种准备状态。怀孕的准备状态需要更久的时间。某些特定职业需要经常保持在准备状态待命——危机反应小组成员、消防员、警察等。

每种不同的准备状态，都可能受到情境、情绪、社会及心理因素的混合作用。你或许不需要找到你的准备状态背后有什么因素，但是在开始"旅程"之前，你知道自己是否准备好是非常重要的。

准备好吧！

你的准备状态和执行承诺的决心是快乐成瘾的关键。

托尼·罗宾斯提醒我们："唯有想象力和承诺可以限制你的影响力。"

案例：乔治准备好了

让我们把焦点带回到乔治身上：他本来以为自己已经准备好顺风顺水地朝着快乐成瘾前进，却忽然发现自己会用加班到很晚作理由，也会为了不去运动找借口。于是他想，是否自己尚未准备好，因此他向他的导师寻求协助。

导师发给乔治一封电邮，内容是一个开放式句子，"我知道自己可以……"，她要乔治用十种不同答案完成这个句子。

然后,她写了封电邮给乔治,要他在句子中找出一些相关事实、动机和资源。接着,她再一次要乔治完成相同的句子,但这次"只写下事实"。她持续用开放式句子的练习来帮助乔治,直到他完成八种层次的"准备好的状态"。最后,她邀请乔治把这些写下句子的纸张折起来,装订在一起,再试着撕开。他做不到,这就让他看见这些要素聚合成一个坚强的完整个体。在这段互动的最后,他感觉自己已经准备好继续前进,第二天也确实充满期待和意愿去运动了。

展望未来

检视一下你的准备状态到底有多好,找到方法加深巩固它,提供一个基础,以迈步向前。

练习9：我当然做得到！

准备好的状态，来自你真实体验到："我当然做得到！"下面八种层次，会把我们带到准备好的状态。

请按照接下来的指示，完成这八种层次的开放式问题，每一题都以10个不同的句子完成。只使用正向回答，暂时先放下各种反对意见。

在层次1和层次2中，你将要完成相同的句子，差别在于一组要用事实来回答，另一组则以动机来回答。

层次1：事实

第一组句型如下："我知道自己可以做到（某事），因为……"（某事就是快乐成瘾行为）。比如："我知道自己可以每天做运动，因为……我有教练帮忙……其他人也做运动……我每天可以找出时间做运动。"

层次2：动机

"我知道自己可以做到，因为……这对我有好处……对我的健康有好处……对我的家庭有益处。"你的动机是什么呢？自由地脑力激荡。

在层次3到层次8中，你将会在不同页面上创造更多清单，回答有些变化不同的句子。

层次3：个人资源

句型中多加入了一个词，变成："我知道自己可以做到，因为我是……"请你放下各种反对声音，无论你有任何反对意见，都先不要说，只聚焦于正向答案。"因为我是……值得信任……很节俭……很勇敢……干净整洁……友善……很尊重别人。"想想看，你拥有的个人特质。

层次4：历史资源

将句型再变化一下："我知道自己可以做到，因为我过去也克服过困难，比如……获得学位……爬过富士山……加入一个即兴剧团。"

层次5：社交资源

用以下句型回答："我知道自己可以做到，因为我可以获得……牧师……我的狗……朋友，从他们那里得到帮助。"你会运用哪些社交资源呢？

层次6：情境资源

句型变成："我知道自己可以做到，因为我可以把自己放在（某种情境里），在那里我可以实践我的快乐成瘾。"比如："我知道自己可以静坐冥想，因为我可以去教堂……坐在公园里……坐在我的花园里。"

层次7：精神资源

将句型更改成："神/佛/宇宙知道我可以做得到，因为……他们赋予我力量……我拥有信仰……上天给我可以运用的天赋。"

层次8：社群资源

使用这样的句型："大家都知道我可以做到，因为……他们知道我很忠诚……我的邻居看到我为自己做的事而感到骄傲……我的朋友们都信任我。"

实际上，"我当然做得到！"这个练习有无限种回答，当你完成八种层次的问题后，能帮助你评估自己当下的准备状态。这也可能提醒你，你现在已经走了多远。

层次1：事实

我知道自己可以_____

因为_____

因为_____

因为_____

因为_____

因为_____

因为_____

因为_____

因为_____

因为_____

因为_____

层次 2：动机

我知道自己可以_____

因为_____

因为_____

因为_____

因为_____

因为_____

因为_____

因为_____

因为_____

因为_____

因为_____

层次3：个人资源

我知道自己可以_____

因为我是_____

因为我是_____

因为我是_____

因为我是_____

因为我是_____

因为我是_____

因为我是_____

因为我是_____

因为我是_____

因为我是_____

层次 4：历史资源

我知道自己可以_____，因为我过去也克服过困难。

比如_____

比如_____

比如_____

比如_____

比如_____

比如_____

比如_____

比如_____

比如_____

比如_____

层次 5：社交资源

我知道自己可以_____，因为我可以从这些人……获得帮助。

比如_____

比如_____

比如_____

比如_____

比如_____

比如_____

比如_____

比如_____

比如_____

比如_____

层次6：情境资源

我知道自己可以_____

因为我可以去_____

因为我可以去_____

因为我可以去_____

因为我可以去_____

因为我可以去_____

因为我可以去_____

因为我可以去_____

因为我可以去_____

因为我可以去_____

层次 7：精神资源

神 / 佛 / 宇宙知道我可以＿＿＿＿＿＿＿＿＿＿＿＿＿＿＿＿＿＿＿＿

因为＿＿＿＿＿＿＿＿＿＿＿＿＿＿＿＿＿＿＿＿＿＿＿＿＿＿＿

因为＿＿＿＿＿＿＿＿＿＿＿＿＿＿＿＿＿＿＿＿＿＿＿＿＿＿＿

因为＿＿＿＿＿＿＿＿＿＿＿＿＿＿＿＿＿＿＿＿＿＿＿＿＿＿＿

因为＿＿＿＿＿＿＿＿＿＿＿＿＿＿＿＿＿＿＿＿＿＿＿＿＿＿＿

因为＿＿＿＿＿＿＿＿＿＿＿＿＿＿＿＿＿＿＿＿＿＿＿＿＿＿＿

因为＿＿＿＿＿＿＿＿＿＿＿＿＿＿＿＿＿＿＿＿＿＿＿＿＿＿＿

因为＿＿＿＿＿＿＿＿＿＿＿＿＿＿＿＿＿＿＿＿＿＿＿＿＿＿＿

因为＿＿＿＿＿＿＿＿＿＿＿＿＿＿＿＿＿＿＿＿＿＿＿＿＿＿＿

因为＿＿＿＿＿＿＿＿＿＿＿＿＿＿＿＿＿＿＿＿＿＿＿＿＿＿＿

因为＿＿＿＿＿＿＿＿＿＿＿＿＿＿＿＿＿＿＿＿＿＿＿＿＿＿＿

☺

层次 8：社群资源

每个人都知道我可以＿＿＿＿＿＿＿＿＿＿＿＿＿＿＿＿＿＿＿＿

因为＿＿＿＿＿＿＿＿＿＿＿＿＿＿＿＿＿＿＿＿＿＿＿＿＿＿

因为＿＿＿＿＿＿＿＿＿＿＿＿＿＿＿＿＿＿＿＿＿＿＿＿＿＿

因为＿＿＿＿＿＿＿＿＿＿＿＿＿＿＿＿＿＿＿＿＿＿＿＿＿＿

因为＿＿＿＿＿＿＿＿＿＿＿＿＿＿＿＿＿＿＿＿＿＿＿＿＿＿

因为＿＿＿＿＿＿＿＿＿＿＿＿＿＿＿＿＿＿＿＿＿＿＿＿＿＿

因为＿＿＿＿＿＿＿＿＿＿＿＿＿＿＿＿＿＿＿＿＿＿＿＿＿＿

因为＿＿＿＿＿＿＿＿＿＿＿＿＿＿＿＿＿＿＿＿＿＿＿＿＿＿

因为＿＿＿＿＿＿＿＿＿＿＿＿＿＿＿＿＿＿＿＿＿＿＿＿＿＿

因为＿＿＿＿＿＿＿＿＿＿＿＿＿＿＿＿＿＿＿＿＿＿＿＿＿＿

因为＿＿＿＿＿＿＿＿＿＿＿＿＿＿＿＿＿＿＿＿＿＿＿＿＿＿

下一步

从回答开放问句开始,根据不同层次,创造很多的答案。花点时间去理解一下自己的回答。如果有需要的话,加上更多字句。确保你真的了解自己为什么如此回答。

现在把这些写满答案的纸张收集起来(如果你是在这本书上写完的,可以剪下),并折成四分之一大小:先对折,再对折一次。把这些折好的纸张放在胸前,并大声说:"我知道自己可以做到!"

另一个点子是试着将折好的十张纸叠在一起撕掉。说真的,这不是那么容易办到的。当所有要素聚集一起时,它们就变得非常强大——它们是你内心忠实的拥护者!

你也可以试试第三个点子:把十张纸夹在一起,好好地放进你的钱包或包包里。这样你就有了视觉和感觉的提醒,任何时候当你需要,可以提醒自己"我知道自己可以做到"。

你已经整理好你的事实、你的动机,以及你的个人、历史、社交、情境、灵性及社群资源,把它们整合成一个紧密契合的完整个体,一种正向自省的内在宝藏。现在你可以完成任何事了!这是一种深层的提升准备程度的方法。

练习10：后退一步（25个理由）！

有时候你必须后退才有办法前进。这个练习正是关于这个道理的——发现不同观点。花几分钟思考一下，你无法在快乐成瘾上成功的阻碍原因。把所有造成你失败的原因都想一遍，尽情地想象这些理由。现在，写下25个你想到的理由。

1. _____
2. _____
3. _____
4. _____
5. _____
6. _____
7. _____
8. _____
9. _____
10. _____
11. _____
12. _____

13. _____

14. _____

15. _____

16. _____

17. _____

18. _____

19. _____

20. _____

21. _____

22. _____

23. _____

24. _____

25. _____

读一读你写下的理由。

在你自己私密的想法里，你可能会认为这些理由强大无比，然而一旦你把它们写下来（或是拿去与朋友分享后），你会发现它们实际上是很软弱无力的。

你可以思考一下

请回想（只在需要时才往回翻）上一章中，当你追求快乐成瘾遇到一些路障时，我们建议你如何处理。选一个你现在最想尝试处理的路障，也就是那个看起来对你立即有帮助的。下定决心并谨记在心，将来你便可以随时想起来。

第 8 章

启动动机的秘诀：小引擎启动大力量

CHAPTER EIGHT

我们可以把动机理解为,不是你拥有什么,而是你做了什么。它包含认出一个问题、找到一个改变方法,然后开始一种改变策略并坚持到底。事实证明,有许多方法可以帮助人们认出问题和行动。

Motivation can be understood not as something that one has, but rather something that one does. It involves recognizing a problem, searching for a way to change and then beginning and sticking to that change strategy. There are, it turns out, many ways to help people move towards such recognition and action.

——威廉·米勒(William R. Miller)

* * *

世上没有任何东西可以取代坚持。才华不能,有才华但没有成功的人到处都是;天才不能,未得回报的天才几乎就是一个笑话;教育不能,这世上充斥着有学问的无业游民。只有坚持及决心是无所不能的。

Nothing in the world can take the place of persistence. Talent will not; nothing is more common than unsuccessful men with doubt. Genius will not; unrewarded genius is almost a proverb. Education alone will not; the world is filled with educated derelicts. Persistence and determination alone are omnipotent.

——美国第 30 任总统卡尔文·柯立芝
(Calvin Coolidge)

动机是什么？动机真的有这么重要吗？

它只是催化剂？一种激励？一种渴望？

我们可以修正想要改变负面成瘾的动机吗？

为什么有些人可以改变，而有些人不能？

"动机"这个词我们经常可以听见，大多数人也都有自己的独特见解。但动机真正的意思是什么呢？回答以下是非题，检查一下你对动机的个人理解，以及动机与你人生的相关性。

测验：动机

使用"是"或"否"来回答以下各个陈述句：

是 / 否　1. 每个人都有动机要活出卓越的生命。

是 / 否　2. 每个人为了生存都有动机去做必要的事情。

是 / 否　3. 在达成目标时，动机是唯一重要因素。

是 / 否　4. 动机可以通过学习得到。

是 / 否　5. 我们可以通过药物诱发动机。

是 / 否　6. 如果缺乏改变的动机，改变永远不会发生。

是 / 否　7. 动机是个人的事，不会受其他人的影响。

是 / 否　8. 动机是二分法的；我们要么有动机，要么没有动机。

是 / 否　9. 动机在个人内心里，是独一无二的。

是/否　10.外在行为总是被视为个人内心动机的指标。

如果你对上述陈述句的回答都是"错",表示你对动机有很好的了解,也知道它对你人生的影响。我们来快速解答这些陈述句。

1.有些人对生活心满意足,不想卓越,也不想改变生活现状。

2.无论是什么理由,有些人就是单纯不想活着。

3.虽然动机对达成目标非常重要,但它不是单独运作的;其他因素也会影响目标达成。

4.我们无法通过"学习"得到动机,但我们可以"雕塑"动机——增强、刺激、鼓励、支持。它也可能被压抑。

5.药物一开始似乎可以激发一种动机感受,但这种感觉瞬间即逝,长期而言并无帮助。

6.无论是否有改变的动机,有些改变会自然发生(比如成长、生病、技巧、发展)。

7.动机会受到社会人群互动影响。

8.动机是积极的,很容易被激发。

9.动机可以同时是内在(心灵层面)与外在(环境诱发)的。

10.有时候外在行为(你所看到的)无法代表内心动机的呈现(特定行为背后的原因不是你所看见的样子)。

个人(人生)路径与动机

人生,每个人都可以二选一:继续等待特殊的那一天来临,或是把每一天都当作最特殊的一天来庆祝。

In life one has a choice to take one of two paths: to wait for some special day or to celebrate each day as special.

——拉什德·奥古拉鲁（Rasheed Ogunlaru）

你的风格是什么？你如何过一生？你喜欢怎样的生活形态？

关于动机，我们所知道的（或是我们所不知道的），让我们把它连接到个人的人生路径，或是将独特的生活风格、生活偏好，连接到整体的生活喜好。试着辨认，在以下几条路径中，你日常生活中最常走哪一条路径？其实，你很自然会被某些路径吸引，了解这一点会帮助你建立自己快乐成瘾的动机。

乍看之下，你觉得自己是哪种人：头脑型？内省型？户外活动型？服务别人型？关系导向型？努力推进型？生产力型？

我们来看看各种路径的简介。

头脑路径

采用这条路径的人，喜欢学习，注重对知识的追求。他们偏好使用头脑更甚于心。他们是学者、思考家，总是被新资讯吸引。

动机的效果：如果你选择的快乐成瘾是在这个范畴之外，确保有一种奖励是在这个范畴之内的，比如，花时间阅读新文章、做些创新研究等。

了解一下，哪些知识的追求特别吸引你。写一个活动清单（比如，玩个脑筋急转弯的游戏），在你有小小成功时，作为立即的奖赏。

内省路径

对这些人来说,自我反思和静坐冥想很容易;他们喜欢独处的时光,在与人相处上可能有困难。

动机的效果:了解到你的奖励应该包含独处时光,这绝对能激励你。

如果你想突破自己的限制,选择一种与关系有关的快乐成瘾,但要小心可能出现的困难。

户外路径

对于这些人而言,最棒的事就是置身于大自然中。他们会用尽一切办法走出办公室,走出枯燥乏味的日常生活。他们觉得长时间坐在办公桌前是一件很痛苦的事。他们常常很享受独自拥抱大自然,而不想跟其他人共享。

动机的效果:如果你选择的快乐成瘾只能在室内做,试着找个方法将大自然包含在其中——在跑步机上跑步时,观看大自然的影片或许有用。当你完成了自己设定的目标时,奖赏你自己一段特别的户外时光。比如,在运动锻炼结束后,不管天气怎样,来段轻快的散步。

服务路径

这些人是天生的"助人者"。他们借由给予他人帮助和服务他人，得到喜悦与满足。他们可能很难接受别人的礼物、感激、爱等。他们的奖赏是来自帮助别人，即使有时会牺牲自己。

动机的效果：作为快乐成瘾的成功奖赏，无论多小的事情，允许自己花时间去帮助那个你一直很想帮忙却没有做到的人。你可以打电话、写电邮给一个老朋友，或者寄张安慰卡片给那个受苦受难的人。

好好计划你的快乐成瘾，确保你可以独立完成，而不用时常接受来自别人的正向奖励，因为这对你来说可能有些不舒服，甚至可能是种"路障"。

关系路径

关系导向的人们热爱关系。他们享受与人共处，事实上，他们很需要亲密关系。他们在陪伴中成长茁壮，亲密关系对他们来说是至关重要的。

动机的效果：如果你是这种人，确保创造一个包括其他人在内的奖赏清单，比如跟朋友喝咖啡，或是进行真实的人生对话（面对面说话，不是通过短信）。

我们要注意，如果你的快乐成瘾是独自完成的，你可能会发现很难继续维持。你会想要发挥创造力，把其他人包含在你的目标行动计划里。比如，如果你的计划是健康饮食，就会邀请其他人一起探索新菜单和新口味。你可以自由选择，不管是面对面交流，或是用社交媒体互动都很好。

推进路径

这些人是积极行动派,他们讨厌坐着枯等,总是在前进,永不停止。他们从行动中获得快乐。他们对行动充满热情,热爱挑战。他们一旦下定决心,就迅速行动,经常在追求"目标"。

动机的效果:如果你选择的快乐成瘾会限制身体活动,需要放慢速度(比如写诗、学习新语言等),就可以在过程中加入短暂的能量刺激,同时也可以加入一些间歇性的活动。比如,认真学习一段时间,然后休息一下,去跑5分钟跑步机,再继续学习。

生产力路径

选择这种生活形态的人,很多是设计师、创造者、艺术家、手工艺创造者、建筑师、原创者。他们想知道事物是如何构成、构建的,且想把事物组合在一起。他们双手灵巧,头脑灵活。他们通过创作得到极大喜悦。

动机的效果:重复的、不需要任何想象力的活动,对他们而言是很痛苦的。但这也不是说就不去考虑像跑步这样的活动,而是要保持对创造力的需求。所以,或许他在跑步时创作了一首诗,或者他聚焦于特定的蔬菜在不同国家如何烹调,在印度、墨西哥、叙利亚等地都有不同的烹饪方式——然后,他创造了一个新的食谱!

再次强调,这些路径之间或许有些关联,但你总是对其中一两条特别有共鸣。注意到你的路径由哪些部分构成,将会帮助你保持动机和正向意图间的平衡。

动机与改变

动机是获得快乐成瘾的关键,也是替换或消除负面成瘾的前提。不幸的是,缺乏动机对许多寻求改变的人来说是一大阻力。因此,我们要特别关注动机,培养它、滋养它、尊重它。

所以谨记在心,我们要熟悉动机,让它帮助我们朝着快乐成瘾目标前进!

你渴望什么?这种渴望强烈吗?

动机有一个基础是渴望——渴望看到改变或做出改变。在设定初始目标、带着动力朝着完成任务努力时,渴望是至关重要的元素。动机,始于强烈的渴望,成为快乐成瘾达成过程中不可或缺的一部分。但无论这种渴望多么强烈,只有渴望仍然是不够的。

动机——一个新的有效定义

你可能经常把动机看成一种不变的特质,一个人要么拥有动机,要么没有动机。但是一个更符合现在人的定义是,把动机看成一种流动的方式。因此,一个关于动机的最新定义应该是:

- 改变的关键元素。
- 多重面向的。
- 动态的,且流动的。

- 受到人际关系互动影响。
- 可以修正的。

更精确地说，动机是指一个人进入、维持、坚持一种特定策略的可能性有多少（Miller & Rollnick，1991）。我们可以在所有活动里找到动机，每时每刻它都在多重情境里运作着。因此，在改变的过程中，我们可以看见、改变、增强动机（Miller，1985；Miller et al.，1993）。

动机与心理学模型

任何人想要开始一段快乐成瘾的旅程，都应该先对成瘾有基本的了解。比如，快乐成瘾和负面成瘾的差别是什么？我们花了许多时间讨论负面成瘾，因为尽管快乐成瘾和负面成瘾之间有重叠，但快乐成瘾的旅程和负面成瘾的旅程之间有明显的巨大差异。

快乐成瘾和负面成瘾都需要动机，但快乐成瘾会给生命带来正向影响。它会正向地影响个人、家庭、社会、专业与财务生活。快乐成瘾会强化一个人，增加其整体生活幸福满意度。而负面成瘾会削减生活各个面向的力量。

当提到物质成瘾时，同侪压力是一个必须正视的因素。其实，它也可以扮演正向的增强力量。为了融入比较"酷"的群体，或者看起来更"历练"，又或者为了更舒服地融入团体——总是有各种压力会迫使你加入负面成瘾。所以，我们思考一下，同侪压力可以在快乐成瘾中扮演正向增强的角色吗？它如何有助于你的快乐成瘾？

动机包含了一种觉察个人目标的能力，分辨出目前行为与理想目标间的差距，避免想要做出正向改变的犹豫不决（Ivey et al., 1997）。动机是你给自己的额外推动力，就像当你感觉自己想要放弃，但突然想起你的初衷一样。对这个心理学模型的了解，会帮助你建构完整能力，去面对追求快乐成瘾路途中出现的各种困难。

动机总是在你的掌控中吗？

一些完全超出个人控制的生命重大事件有时候会激发动机，有时候则会阻挠动机。比如，一个家人的突然离世，可能会导致另一个家人考虑做出显著的生活改变，如变得更好，或者更想放弃。虽然一开始的情境像是失控，但我们如何回应这些情境，是我们可以掌控的。

- 痛苦程度：无论出于什么原因，如果痛苦程度异常高，这可能激励我们改变，或者阻碍我们改变。
- 生命重大事件：某些生命重大事件会刺激我们改变。发生严重意外、生了场重病、亲人去世、怀孕或者无法怀孕、结婚或离婚（Tucker et al., 1994; Sobelle et al., 1993）。以上这些生命重大事件会造成人们想法和情感上的改变，被迫思考这些事件带来的冲击和影响。在事件发生的时候，他们可能感觉自己不得不改变生命。另外，巨大的挑战事件也可能会削弱我们改变的动机，阻碍我们改变。受到冲击、影响的人们可能感觉人生在经历这些事件后不一样了，而失去了强烈的改变动机。

· 觉察到行动的负面后果：有时候，人们意识到自己所做的事情或行为会对别人及自己造成伤害，这样的觉察会激励他们改变动机（Varney et al., 1995）。

· 外在激励：正向与负面的外在激励都能影响动机。朋友的支持、奖赏、正向（以及负面）回馈，都能提升动机而产生改变，无论是变好还是变坏。

· 疲劳与时间限制：这两者都会给动机带来负面影响，会阻碍你朝着快乐成瘾的目标前进。

以上提到的因素都可能会干扰我们的动机，我们把这些看成红色警报。我们先前提到过，良好的准备是任何计划成功的关键。当我们需要积极地前进、需要拥有足够的弹性去面对眼前挑战时，如果没有充分准备而被挑战埋伏攻击，会让我们感觉失败。

在逆境中乘风破浪

所以，我们如何处理威胁与破坏我们美好人生的事情？我们如何做好准备，去面对迫使我们失去平衡、偏离康庄大道的事件？

订下契约：与自己订下一份契约，如果你做到快乐成瘾活动中的某一部分，就给自己一些奖励！

暂时减少高期望：允许自己做得比预期的少一些。清楚地告诉自己，一旦事情尘埃落定，就要回到原本的计划。

改变今天的目标：就只有今天，与其完全跳过你的快乐成瘾活动，不如量身定制一个不一样的活动，以减少逆境事件带来的影响。比如，如果你觉得受到天气的影响，与其去跑跑步机，不如去散步；如果你不太舒服，因为感冒而上吐下泻，那就听听跟运动有关的播客。

个人动机与成就需求

所有伟大成就的起点都是渴望。
The starting point of all achievement is desire.
——拿破仑·希尔（Napoleon Hill）

根据杰克森、阿默德和哈皮（Jackson，Ahmad，& Heapy，2007）的研究，人们对于"成就需求"包含以下具体渴望：

- 被别人认可。
- 赚更多钱。
- 靠自己的方式成功。
- 被别人尊重。
- 期待圆满与胜利。
- 认真工作，达到卓越。

激励你的是什么？

不论是计划你的积极必要活动，还是安排你的每日规划行动"朝着你的目标前进"，全然觉知到底是什么或是谁激励了你，会对你大有帮助。以下是一份快速自我检视清单，由成就需求和我们找到的一些常见动机组成。诚实地回答自己，你对以下哪些项目最有感觉？试着找出你的前三名激励因素。

1. 获得别人认可。
2. 金钱奖赏。
3. 工作表现优异而得到的个人成就感。
4. 在生活里减少压力。
5. 不计任何代价，避免失败。
6. 拥有在身体、心智、精神、情绪或智慧上更加卓越的机会。
7. 团队活动。
8. 表达立即的感激。
9. 被社会大众认可（或者需要保持隐私）。
10. 与别人建立连接。

可能还有其他动机我们没有提到，你可以自由地加上自己想到的。找出个人的动机因素，可以帮助你量身定制与强化你的快乐成瘾。比如，如果第一个项目"获得别人认可"是你喜欢的，那就找方法把这个动机因素整合到你的快乐成瘾中。

比如，你可能找家人或其他亲人在一段时间内扮演一个重要的支持角色。也许他可以与你一周见一次面，喝喝咖啡，给你些正向回馈；或者在约定时间发短信给你，鼓励你一番；又或者一周几次，发一些激励的信息给你。有千万种做法！

关键是，你要能利用个人的激励因素，推动自己朝着目标前进。

能力、意愿与准备程度

问自己以下四个问题：

- 为什么？
- 为什么不？
- 为什么不是我？
- 为什么不是现在？

这些都是很棒的问题，你的回答将成为你的"动机菜单"里的关键"食材"（后面我们将会填写一份问卷，关于你的强项和弱项，这将会给你一个实际的全貌，让你知道自己可以达成什么、做到什么）。

现在，让我们具体聚焦在：能力、意愿、准备程度。

能力

能力指的是面对改变时，一个人所拥有的必要技巧、资源与自信。

意愿

当然，我们也知道，人们可能有能力改变，但不见得想要改变。意愿指的是一个人有多么看重实际的改变——有多想要、多渴望或多需要改变。同样，人们也可能有意愿改变，但没有能力改变。因此，重要的第一步是诚实地评估你需要什么东西来帮助你达成快乐成瘾。诚实地评估你是否有能力达到这样的要求标准，也同等重要。

准备程度

有时候，就算拥有意愿和能力，也不足以造成改变发生。你是否能回想起过去某时刻，你有意愿也有能力改变，但改变仍然没有发生吗？在这种情况下，也许是你还没准备好。准备程度这个元素是一种燃料，能够推动能力与意愿，造成实际改变的发生。

你的能力、意愿与准备程度，能预测你是否能够成功建立并维持你的快乐成瘾动机。为了帮助你评估这些项目，思考一下快乐成瘾的重要性和它带来的好处，跟你人生中其他重要事项做比较，哪个更重要。你人生中是否有任何事，比感觉更美好快乐、变得更强壮、拥有一个更幸福满足的人生还要重要呢？

如何提升你的动机

接下来，如何开始，如何激励自己？下面，我们将聚焦于如何提升动机。

朋友三岁的女儿告诉我:"我现在不能吃东西,因为我的胃没有被启动。"她说得没错,因为正是动机会刺激并促进所有行动——缺乏动机就会造成你哪都去不了,或是无效行动。所以,我们如何促进动机?

除了先前提到的生命重大事件之外,人类也会被许多其他情境和现象激励,包含心理需求,比如欲望、情绪、冲动、恐惧、愿望、愉悦、自我满足、心灵满足、喜欢、讨厌、目标、抱负、价值观、胜任感与自由等。同时,还有生理驱动力,比如生存与实际奖赏(金钱就是一种重大奖赏)。

关于改变这件事

列夫·托尔斯泰说过:"每个人都想着改变世界,却没有人想改变自己。"改变需要技术(学习)和渴望(动机)。学习不该与"表现"混淆,表现指的是学习之后的实际执行。为了成长与发展新习惯,学习是必要的。然而,关于我们能够走多远,能够完成多少,动机就是关键。我可能已经学会如何阅读,但如果我没有动机把书读完,还是不知道故事的结局是什么。所以,只有技术和渴望一起运作,改变才会发生。

有时,我们的渴望不够强烈,无法投注足够的时间和努力使改变成真。缺乏动机时,改变所需的行动会被拖延从而无法发生。有时候,我们会欺骗自己,认为自己可以用快速、简单、不费力气或不需努力的方式达成目标。但是,真实的改变并不会这样发生。

有时候，人们展现重大决心，在好几年时间里持续付出很多努力。你或许可以想起一些人，他们为了改变而展现强大的动机决心。比如，有许多激励人心的故事，有些人在经历重大创伤后幸存下来，通过坚定决心、重新学习某些事物、增强动机坚持到底，成功重返幸福人生。

你的目标是什么？

动机，是试图达成目标，不仅是设立高远的目标，而且是拥有具体目标，能够清楚地辨认出它们，找到达成目标所必备的条件。事实上，能够达成许多目标或是大部分目标的人们，通常更沉着冷静、更快乐、更强壮、更健康、更少压力，他们能够掌控自己的人生。

快乐成瘾，既是目标，也是方法。

（1）短期目标与长期目标一起运作。在促进改变的过程里，短期目标与长期目标都占有一席之地。如果我们想要达成目标，需要把目标分解成许多小步骤。所以，设立一个目标，然后，想象第一步骤、第二步骤、第三步骤。以下是个例子。

长期目标是更健康与更强壮，实现运动快乐成瘾。

身体技巧：我会做几分钟运动。

自我对话：我会自我对话，用来减少恐惧，强化我的信心。

获得知识：我会学习更多关于运动的知识，避免我的背受伤。

（2）动机需要与目标量身搭配。因为每个人都不一样，为了达成目标所需要的动机也不一样。你的个人动机需要"与目标量身搭配"，意思是它可以同频到你的个人需求与目的。

以下建议只是建议。适用一个人的，不会适用在另一个人身上。把这一点牢记在心，你才能自由混合、配对各种策略，必要时想些新的策略，而不是行差踏错，认为"这是神的旨意"，你不值得实现梦想。

不同的人会使用不同的方法来量身搭配目标。我们接下来会讨论"正向策略""个人风格取向""聚焦于任务的动机"，以及"可达成的目标"。

第一，正向策略。当找到目标里的具体元素，请记住，正向小目标会比负面小目标更激励人心。"我选择发展更多坚忍不拔的毅力"会比"我想要自己不那么焦虑，不去担心会不会达成目标"更激励人心。开始你的快乐成瘾时，遇到无法避免的路障挡住前进的道路时，这个正向策略都会大有帮助。

正向策略的一部分是创造一份你最爱的激励格言清单，并将它放在你看得到的地方。这是一种快速的激励刺激。以下是一些例子，你还可以想到更多。

> 脱离困境的最好方式就是穿越它。
> The best way out is always through.
> ——罗伯特·弗罗斯特（Robert Frost）

> 做你自己，永远都不嫌晚。
> It's never too late to be what you might have been.
> ——乔治·艾略特（George Eliot）

对于明天最好的计划就是，今天拼尽全力。

The best program for tomorrow is doing your best today.

——杰克逊·布朗（Jackson Brown）

改变你的想法，就改变了你的世界。

Change your thoughts and change your world.

——诺曼·文森特·皮尔（Norman Vincent Peale）

相信自己做得到，你就已经成功了一半。

Believe you can and you're halfway there.

——西奥多·罗斯福（Theodore Roosevelt）

奇迹来自困境。

Out of difficulties grow miracles.

——让·德·拉布吕耶尔（Jean de La Bruyere）

第二，个人风格取向。当要量身定制你的目标时，你的个人风格取向也是重点。你是行动派，还是老练派？

行动派的人，认为学习在他们的掌控之外。他们很可能致力于获得外在关注，把失败看成自己缺乏成功的能力（也不是一个人能够恢复的）。他们通常需要外来的激励和鼓励，他们通常展现较弱的自制能力。

老练派的人，认为成功基于精熟的技巧与能力的结合。他们通常比行动派的人更努力练习（他们相信学习是可能的），会获得更高的成就。他们会自我管理。

行动派的人在面对路障时，很可能很快放弃，因为觉得自己能力不足。老练派的人在面对相同路障时，很可能会增加练习与努力。

你的个人风格取向是什么呢？了解自己的风格取向，可以帮助你将目标分解成较小、可达成的小区块。比如，如果你知道自己是行动派，那就事先计划，对路障进行有效管理，而不是等到路障出现，被路障激发的情绪困扰着。这样的远见会帮助你很好地回应，"很好，我事先料到了这部分。我可以……"

第三，聚焦于任务的动机。为了保证效率，动机必须聚焦在重要任务上。很多时候，我们浪费时间在不重要的事情上，而不是全然聚焦在必要且适当的事情上。

当你把时间投注在真正重要的事情上，效率会大幅提升。你的快乐成瘾需要你投注必要的时间。你获得的回报是，发现最棒的自己——聚焦于任务的动机，带着聚焦于任务的动机，朝着一个能真实改变生命的长远目标前进。

第四，可达成的目标。具有挑战性又可能达成的目标，本身就很激励人心。如果一个目标太容易达成，它将变得无趣、没意思，动机很快就消失了。当然，不可能的任务也会让人感到受挫，动机也经常跟着消失。

我们感觉自己有能力、有责任、被激励、自我管控、被尊重与有希望时，通常最受激励与鼓舞。所以，当你准备开始你的快乐成瘾时，检查你的终极目标，也检查较小的、一小步一小步的目标，确保它们是合理又富有挑战性的。

十个关键秘诀用来激励你的动机

这一章,我们讲了许多关于动机的事。下面是一份关于激励动机的秘诀的快速清单,用来帮助你激励与维持快乐成瘾的动机。先前我们已经完整地讨论过这些内容,所以,这些小秘诀是给你提供一个快速入门的精华参考。

- 一次一小步慢慢走。
- 将你的目标视觉化(在冰箱上贴照片、贴格言)。
- 运用好朋友支持系统。
- 练习耐心。
- 记录你的进步。
- 经常自我激励/鼓舞。
- 知道你自己为什么要做某件事(做一份检查清单)。
- 正向思考。
- 聚焦于你的成功,而不是你的失败,绝不要连续两天没做任何有利于达成目标的事情(就算情况紧急,也需要做出调整,坚持你的承诺)。
- 预先计划,运用正向自我对话来增强信心:"我必须现在开始!""我会迈出成功的第一步。""我会重新再来一次。"

案例:乔治行动了

在一个没那么顺利的出发之后,乔治退步了,他重新评估自己的动机,以及目标的可达成性,然后继续他的旅程。这一次,他一小步一小步慢慢前进。他降低自己对于运动时间的期望,至少现在是这样,他要接受一个事实,他的激励来自取悦别人胜过于取悦自己。因为他决定放慢步伐,所以疲累与时间限制带来的负面影响减少了一些,他感觉自己已经准备好要追求他的快乐成瘾了。

展望未来

动机在快乐成瘾的整个过程中都是一个好伙伴,但就像任何伙伴一样,你需要关心它、滋养它、检视它,这很重要。以下几个练习,帮助你照顾好你的伙伴。

练习11：我的强项、我的弱项

练习目的：聚焦于你偏好的人格类型，想象一下你的强项和弱项。

1. 思考一下这些人格类型：头脑型、内省型、户外活动型、服务别人型、关系导向型、努力推进型、生产力型。

你觉得自己最接近哪个类型？在表8-1中，将它作为表题。（如果你用另外的空白纸，在纸中间画一条直线，分成左、右两边，在一边的最上面写一个"+"，另一边写"-"。）

2. 别想太多，快速写下关于自己的事（身体、心理、情绪），连接到你的人格类型，然后把它们写在适当栏位里。比如，如果你选择"户外活动型"，你可能会在负向那栏写下"待在屋子里会感到沮丧"，在正向那栏写下"呼吸新鲜空气"。

3. 持续进行，直到你所有天马行空的点子都用完了。然后，详细地检验你的栏位。某一边是不是比另一边长，如果是的话，为什么？有什么你能主动改变的，好让两边栏位变得更平衡些？

4. 检视一下这张清单，把它当作一个指标，了解在人格类型里你是如何看待自己的。这样更加可视化，使你对自己的强项和弱项一目了然，而这也是你选择的人生风格。有时候，只是简单地看着这张清单你就会感觉有力量，被鼓舞与激励。

表 8-1　xx 型

+	−

练习 12：把镜头拉远

练习目的：找到一种生活情境，可能在你快乐成瘾旅程里带给你麻烦，看着这件事，也想着它，感觉它被移开，或是"把镜头拉远"。

1. 再次检视之前列出的一些潜在问题，选择一个你感觉很困扰你的：痛苦或压力程度、生命重大事件、觉察到行动的负面后果、外在激励、时间限制、疲劳。

2. 在下一页中间，快速地画一个小图像，表示你选择的情境。比如，如果你选择"疲劳"，可能会画布满血丝的眼睛。请注意，你画了什么或是你画得怎样，都不重要。这个图像只给你自己看。它甚至可以是很抽象的——你知道是什么就好。

3. 以图像为中心，向外放射地画同心圆。在每个圆环内，都留些空间画画或写字。

4. 在每个圆环内，画一些与中心图像相反的东西。换句话说，下一个图像是用来减少中心图像的力量的。每一个接下来的图像，都会让中心图像的影响力变得更小一些。比如：在布满血丝的眼睛图像之外，可能是一杯咖啡的图像（如果你想要，也可以用文字表达）。在下一个圆环，也许出现冷水澡的图像，接着是快走、活力早餐，然后是广播上播放的歌。重点是，聚焦在所有可以克服中心"议题"的情境或活动上，以减少它对你的困扰。这并不是说你可以立刻"移除"中心议题，而是你找到方法有效地"把镜头拉远"，可以更有效率地处理它。

第 8 章 启动动机的秘诀：小引擎启动大力量

练习13：我希望

练习目的：鼓励你去想象对于快乐成瘾的一个最佳结果，然后为这个结果注入动机。

1. 在"我希望"之后尽可能多地写下结果。答案没有对错，不论结果是关于个人或是全世界，都可以让你充满创造力。"我希望地球不再有污染……我希望我的户头有更多钱……我希望在隧道尽头看见光……"怎样写都可以，开始！

我希望

_____

_____

_____

_____

_____

_____

_____

2. 检视一下你写的清单，思考一下哪些事情在你的掌控之中，然后把其他不在你掌控范围内的结果擦掉。

3. 思考一下，关于那些留下来的事情，有没有什么事情你可以做，并能帮助你实现愿望（如果你把所有内容都擦掉了，再试一次，让你的愿望更加与你自己有关）。

4. 练习结束时提醒自己，你可以掌控的事情"真的"很多，你的掌控能力与你的行动动机息息相关。

练习14:"是的,但是……"(二)

练习目的:如果我们愿意,就有能力看见正向那一面,而不是负向那一面。

1.阅读以下每个句子,完成"是的,但是……"的句子,提供正向结果。比如:"我的狗走失了。""是的,但是许多朋友和邻居都在帮我寻找它。"

我的工作真的很辛苦。

是的,但是_____

我今天忘了吃午餐。

是的,但是_____

我已经没钱了,而且还有10天才发薪水。

是的,但是_____

我的孩子是令人讨厌的青少年。

是的,但是_____

我的车又抛锚了!

是的,但是_____

我把钱包忘在家里了。

是的,但是_____

2.重新检视你的回答。思考一下,"但是"后面可能产生的负面结果是什么。

我的工作真的很辛苦。

是的,但是_____

我今天忘了吃午餐。

是的，但是_____

我已经没钱了，而且还有10天才发薪水。

是的，但是_____

我的孩子是令人讨厌的青少年。

是的，但是_____

我的车又抛锚了！

是的，但是_____

我把钱包忘在家里了。

是的，但是_____

我们要强调的是，动机程度与你看事情的角度直接相关。如果你看见杯子有一半是空的，你的动机就会很弱。如果你看见杯子有一半是满的，你的动机就会很强。

第 9 章

我们为何在乎明星文化?

CHAPTER NINE

去做一件你认为自己做不到的事。失败了。再试一次。第二次会做得更好。那些从未跌倒过的人,是因为他们从未爬上高处。现在就是你的时刻。认真把握!

Do the one thing you think you cannot do. Fail at it. Try again. Do better the second time. The only people who never tumble are those who never mount the high wire. This is your moment. Own it!

——奥普拉·温弗瑞(Oprah Winfrey)

谁在乎明星在做什么？

蒂莫西·高菲尔德在他所写的《格威妮丝·帕尔特罗全说错了》(*Gwyneth Paltrow Wrong About Everything*，2015) 一书中指出一种现象，人们不认为明星文化对他们自己的生活有影响。我们可能会这样想，"当然，这个明星有很大的影响力，但完全不影响我的生活"。高菲尔德特别感兴趣的是关于明星文化对人们行为的影响。

思考一下：流行文化会影响我们既有的认知偏见。比如，确认偏见。一个明星在严格的节食或是减肥药的影响下，看起来变瘦了，而这个明星的影响力和他的生活动态使得他的证词看起来更加有说服力、更加真实强大。明星的形象让我们看到在明星圈里治疗方案与减肥之间的明显相关性——就算我们清楚地知道要忽略他的证词，如同沙阿 (Shah，2012) 的研究中指出的，"乐观偏见其实是有神经生物学基础的广泛现象"。

你被明星文化影响了吗？

你可能觉得你全然掌控着自己的人生，没有被任何明星文化影响。但如果你诚实地回答以下的是非问卷，可能会大吃一惊。

测验：明星与我

是 / 否　1. 我偶尔会为了打发时间而买流行文化杂志，比如《人物》(People)。

是 / 否　2. 我在等候区打发时间，会翻阅流行文化杂志。

是 / 否　3. 我喜欢看颁奖典礼，主要是看看明星穿什么礼服。

是 / 否　4. 我（有时候或经常）与朋友谈论明星八卦。

是 / 否　5. 我（有时候或经常）觉得明星这么有钱很不公平。

是 / 否　6. 我承认（尽管只有一点点）会嫉妒明星拥有的一切——豪宅、奢华生活、昂贵的衣服，等等。

是 / 否　7. 我（有时候或经常）看有明星采访的电视节目。

是 / 否　8. 我欣赏某些明星对环保和关怀人性所做的努力。

是 / 否　9. 我欣赏，甚至是嫉妒明星光鲜亮丽的外表。

是 / 否　10. 我会根据我看到或听到的，把某些个人特质加到明星身上。

以上问卷，如果你有超过一半回答"是"，那么你（如同我们很多人一样）受到了明星文化的影响。

社会比较研究

关于社会比较，有个很有趣的科学研究（Strahan et al., 2006）。在大部分的人类历史里，我们互相比较的对象就是村落里的你、我、他。

但在今天,我们的社会比较对象变成了明星。明星的形象无所不在,无孔不入。而这些明星形象可能不真实——使用修图软件、美化、粉饰、整形手术——明星文化好像主宰了人们的行为,也决定了社会可以接受的标准。

(1)让我变美丽。"万物皆有动人之处,然非众人皆能洞悉。"我们相信这说法吗?

关于明星文化的影响,其中一个最简明的例子是,日渐普及的美容整形手术。这是一种相对来说很极端的行为。整形手术是基于流行文化所产生的社会标准,而去改变你的身体或脸蛋。要是没有流行文化的推波助澜,这些标准并不存在。比如,我们喜爱凯特·米德尔顿的鼻子、詹妮弗·安妮斯顿的手臂,或是金·卡戴珊的美背,然后尽可能获得类似的美丽。

男人做整形手术的风潮也日渐升温。男人做整形手术的动机是,想要增强或提升某个东西,或者跟权力有关,或者跟男人魅力有关(Kim, 2014)。隆鼻、割双眼皮、除皱纹,这些手术让男人觉得自己看起来更健壮、更苗条、更年轻,甚至更有"男人味"。

(2)模仿明星文化有任何演化论上的解释吗?关于演化的情境,有些推论性的研究(Caulfield, 2015)。研究推论,自古以来人们会追随顶尖、厉害、声望高的人。远古人类认为,这些人拥有很棒的技能或天分,比如,很会打猎、很会采集食物,或是身怀绝技,这些高强能力造就了他们的身份地位。模仿这些厉害的人就是一种生存手段。

换句话说，模仿学习比自己厉害的人是一种先天生物本能。在过去，这是一种耐力学习工具，而现在，这比较像盲目追随——大脑把明星成功的光环跟我们的适应行为连接在一起。尽管我们不需要变得像明星一样才能生存，但我们就想跟他们一样。

明星的一举一动对我们的行为有很大影响，不管我们相信与否。奥普拉·温弗瑞推荐的书籍肯定冲上畅销书排行榜。詹妮弗·哈德森告诉我们一种减肥的方法，我们马上照做不误。《星际迷航》中的柯克舰长说，我们应该用某个网站订酒店，我们也照做！

（3）外表很重要。大量研究显示，外表好看的人在社会上有比较多的优势，明星文化更是强化了这种看法。

社会大众相信"外表很重要"，所以我们应该花时间、金钱在"提升"自己的外表上面。明星创造了一种社会标准、创造了一种"流行趋势"，然后医学美容机构不断提醒我们，我们应该看起来像明星一样，要跟着做明星做的事。

想象这样一个尴尬的情境，民众要医美医生做整形手术，想要复制某个明星的外貌，手术完了却发现，结果与其期望落差很大。这是社会比较现象的一个简单例子。社交媒体所投射出来的形象是不切实际、虚假的，但大家仍然前仆后继地跟进。

明星文化就在你眼前

明星文化渗透到社会各个层面，尽管大家都知道对明星代言的产品应打个折扣。比如，电视明星奥兹医生（Dr. Oz）代言的产品受到很多人质疑，但他推荐的产品和他的观点持续影响社会大众。这是一种我们熟知的"现成偏差"(Tversky & Kahneman, 2002),意思是我们很容易让现有、现成的东西影响我们做决定,即使我们明知它不对。当我们要做决定时,特定明星风格带动的流行风潮,会凌驾于我们正常的理智思考之上。

(1)瀑布效应。不断累积、交互作用的自我增强假设称为"瀑布效应"(Kuran & Sunstein, 1999)。如果你说一件事说了很多次,它就可能变成真的。

想象一下:最近明星们推崇无麸质饮食。你的医生有告诉你要实行无麸质饮食吗?不太可能。这可能只是空穴来风。但是生酮饮食和排毒方法越来越流行,因为明星们大力背书推广。这些方法真的适合你吗?你有深入研究了解过吗?

明星们似乎背负着"教育"社会大众的任务,教导我们如何净化身心、排毒,如何榨果汁,甚至如何帮我们小孩接种疫苗。回想一下,在过去,明星是否也"教导"我们如何抽烟和喝酒,因为这是一种时代潮流、世故老练的象征。

有没有可能调转方向,教导明星推广快乐成瘾,而不是聚焦在负面八卦或是捕风捉影的腥膻事物上?这并不容易,因为整个影视娱乐圈都从流行风潮中获得很多利益,他们在催眠你:加入我们吧,你会变得更好!

我们必须提到这一点,有些明星公开承认他们的负面成瘾,以及他们如何改变自己投入快乐成瘾的怀抱。我们相信这种成功案例帮助了许多人。请推广更多快乐成瘾,少一些虚假背书。

(2)名人影响力在何处有帮助、在何处没帮助。美国学者(Fairburm, Welch et al., 1997)曾经建议,明星应该聚焦、倡导好议题。安吉丽娜·朱莉和泰勒·斯威夫特，她们两人都大力提倡推广癌症筛检。不过研究学者认为，明星应该要避免这一类复杂的议题，因为这可能把癌症这件事过度简单化，长远来看将衍生更多问题。明星最好聚焦在一些根本的议题上，比如乘车系安全带的重要性、规律运动，以及适量饮酒。

明星文化的问题是，就算明星可能有很棒的出发点提倡、宣导某事，当他们对倡导的议题没有完整了解或是学习时，事情还是有可能出差错。明星的个人经验——"这对我有用"——并不能一概通用、适用于其他人身上。

我们的天性

当考量到明星文化对我们生活、习惯和成瘾等各方面的重大影响时，我们也要考量个体的天性。意思是我们的内在喜好，以及我们的本性会影响我们的行为。比如，人类天生会怀抱希望，有时候想要报复，也会对于新的冒险感到紧张焦虑。我们很多坏习惯，比如暴饮暴食、懒惰，可能也是天性的一部分。

关于人们倾向于适应坏习惯还是好习惯，以及社会是如何架构在这些倾向上的，有很多推论研究。比如，我们会选择怎样的休闲活动，是每天看电视（坏习惯），还是每天规律地运动（好习惯），这些选择可能是先天决定的。而这些坏习惯过去曾经保护过我们，因为它们可以帮我们保存能量（在家看电视）。

想象一下，远古时代的人们会尽可能先吃饱，储存更多卡路里，因为他们不知道下一餐会在哪里。这是人类的天性，甚至可能比人类的存在还要早上百万年；要改变这种天性，很多时候就算是下定很大决心也是很难很难的。

关于完美的争议

一个很有趣的矛盾现象是，全世界百分之六七十的人都是肥胖或超重，而大部分人都想拥有明星般纤细苗条的理想身材。这个矛盾的身体意象会让人们采取极端手段，造成厌食症和暴食症。

当然，很多明星盲目地想要永葆青春，我们绝大多数人也是，我们都被困在永葆青春的监牢里。想要永远年轻、身材苗条、充满吸引力，这些都是明星文化带来的陷阱。

身体意象有多重要？

"匀称、健康的身体——这就是流行的最佳代言。"杰西·斯科特（Jess C. Scott）这样说。

身体意象是你对自己外表的主观经验，你如何看待自己的身体，以及你相信别人怎样看待你。身体意象跟自信心有直接关系，就连年轻人也会受到这股力量的影响，尤其现在社交媒体这么普遍、无孔不入。

有非常多的女性对自己的身体意象感到焦虑。根据研究，女人甚至到了80岁都还会担心自己的身体看起来如何（Clarke，2002；Kay，2012）。

根据我的临床经验，很多年轻女性对于自己的身材没自信，太过在意身材而不敢去运动。就是说，很多外形不太讨喜的年轻女性，会因为过于在意身材反而不敢去运动。也有研究指出，过于在意身材而不去运动,已经变成青少年运动的主要阻碍(Robbins, Pender, & Kazanis, 2003)。

我们不会跟身边的朋友、家人做比较,反而是拿自己跟所谓的网红、明星修图后的照片做比较。网络世界让我们沉浸在虚幻的帅哥美女图像里。

明星文化跟快乐成瘾有什么关系?

明星文化有很大潜力,可以对你的快乐成瘾产生深刻影响,比你想象的还更有助益。

如果你发现自己选择的快乐成瘾,跟时下流行文化中很酷、很有吸引力的事情背道而驰,就可能需要打一场硬仗。比如,我选择的快乐成瘾是"接受自己拥有强健的身体",而要达成这件事是通过健康饮食,而不是减肥饮食。"保持强健体魄以及坚持健康饮食",是与"不计成本代价获得苗条身材"完全相反的,因此我很难找到一个值得我模仿的明星榜样。

如果你选择的快乐成瘾符合明星文化的标准,比如减肥、有挑战困难的健身运动,你会找到很多支持你行动的明星案例。

有些时候,明星文化跟你的快乐成瘾一点关系也没有(比如每天花一小时绘画、学法文、编织毯子给流浪汉),当你的兴趣不受重视时,可能会有问题。这时候,或许你会感觉你的快乐成瘾太过于小众,跟时代潮流脱节,而想要找个更符合流行趋势的快乐成瘾。

在这一章，我们刺激你思考这一切，目的是希望你可以从特定的限制和压力中脱困而出，你可能没发现自己受到明星文化这么大影响。理解明星文化就是跨出"自在地做自己"的第一步。阿尔伯特·爱因斯坦曾说过，"就连傻子都知道，关键就是理解"。

理解明星文化对你的影响，可以帮助你辨认出它们如何暗中创造你的内在反应——抗阻、不安全感、矛盾感，然后你能更有自信地大步迈向你的快乐成瘾。

案例：就连乔治都感觉到了压力

乔治从没想过自己是明星文化的牺牲品，但他发现自己经常跟男明星比较，那些男明星都拥有完美的身材，有很多时间可以运动。这让他再次感到绝望和自我怀疑，他想要提早下班去运动这个想法也变得困难，因为他从来没有体验过这些理想状态。他觉得自己注定是失败的，他的旧心魔再次出现。还好，他的导师帮了他一把，让他看清这个想法是无用的，最好是给自己设定一些实际可行的目标。

展望未来

以下活动用来引领你迈向快乐成瘾，保持在真实、确切之中，而不是沦为假象的猎物。

练习15:"快乐感恩"

练习目的:帮助你欣赏那些你觉得要感恩的人、情境或事物,多发现感恩的人、事、物,而不是陷在明星文化里。

1. 我们都有很多要感激的,就算情况看起来很糟糕。秘诀是回想并欣赏那些"快乐感恩",特别是在黑暗、挫败时刻的"快乐感恩"。你可以在下面的空白页(或用一张空白纸),写下"我很感激"。

2. 闭上眼睛,做三次深呼吸,每次深呼吸时想着"我很感激……我很感激……我很感激……"

3. 不用去想"最棒""最完美""最值得"的事,只是简单地写下所有出现在你脑海里的内容。这是一个快速脑力激荡的活动。清单范围包括每日生活小事到终生难忘的重大事件。以下是一个简短清单:

风和日丽

我的老婆/老公

我的小孩

我的工作

我的健康

我的幽默感

下雨了

4. 当你的念头慢下来时,可以停下来并检视你的清单。在"糟糕"的日子里你记得这些事情吗?如果忘记了,那你的目标就是回想起"快乐感恩",尤其是人生艰难、低潮时刻的"快乐感恩"。

5.再次检视你的清单。有哪些人、事、物在第一次书写时没有出现?思考一下可能的理由。现在,扩展你的清单,尽可能多地写下"快乐感恩",越多越好。

6.在你的皮夹或是大衣口袋里留一份清单备份。当你觉得心情不好、懒惰或是没安全感时,把清单拿出来看一看。

我很感激

练习 16：是完美的还是虚假的？

练习目标：学会接受一个事实，没有人是完美的。我们认为的"完美"，事实上都是表面的。这个活动帮助你学会欣赏自己。

注意：完美是不切实际、无法达成、反复多变的。然而，大家都告诉我们要追求完美。可能和不可能之间的不一致，是很难拿捏掌握的。

1. 拿一张白纸（或是用下一页所附的人形图像），画一巨型姜饼人（画满一整页，画得如何并不重要）。

2. 在姜饼人线条内，快速写下你心中完美的人的特质，包括生理和心理特色。比如：聪明的、永远年轻貌美、漂亮、优秀、慈悲。

3. 继续写下你所想到的，直到填满整个姜饼人，或是你已经想不到任何"完美"点子。

4. 花些时间检视一下你写了什么。有多少完美特质是不切实际的？把这些不切实际的特质圈起来，它们是虚假的，一般人根本做不到，就算做到也难以持久。

5. 检视一下没有被圈起来的特质。这些是真实人生的特质。你觉得这些特质可以拿来描述你吗？有哪些特质你可以培养、创造？

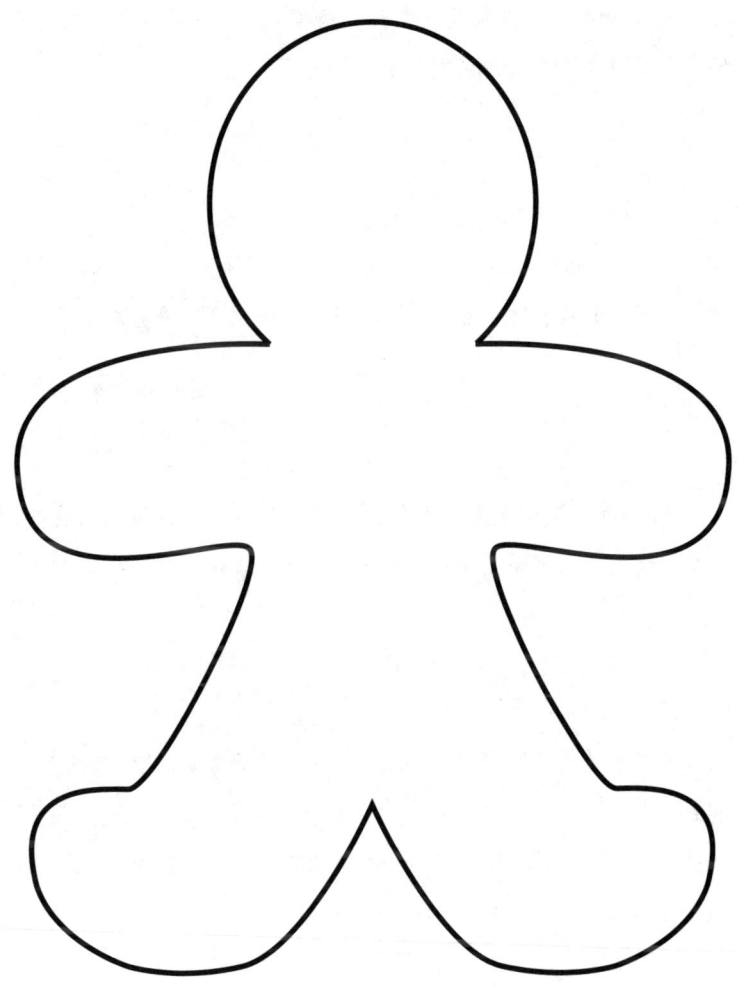

你可以思考一下

1. 为什么我们要在这一章讨论明星文化？你是否思考过，到底自己受到明星文化的影响有多少？

2. 回想一下，哪一次你在某种程度上受到过明星的影响？你受到了什么影响？这个影响是改变了你，还是没有改变你？

3. 你的"身体意象"是什么？请诚实作答。在你的人生中，身体意象是否扮演重要角色，影响你做事，或是不做事？

4. "确认偏见"可以说是明星影响我们做事／说话／信念最普遍的一种方法。这对你来说，意味着什么？你有受到"确认偏见"的影响吗？（再次强调，那些不见得有事实根据的理念／想法，通过明星推销而产生影响力。）

5.谁是你的导师或是效法的榜样——可能是身边的人,他/她可以在你的快乐成瘾道路上提供帮助。把他/她当成你的专属明星。找到他/她拥有的个人特质,不但鼓舞你做出正确选择,而且也是你想效法模仿的特质。当你发现自己被其他明星吸引诱惑时,想一下你的个人导师、你的专属明星就在这里。

第10章

30天，30步骤：越自控，越快乐

CHAPTER TEN

别让你的梦想等待,把你的借口放到一边。

Don't put your dreams on hold; put your excuses on hold.

——桑默·巴克汉（Summer Brackhan）

你现在迈出的步伐，将会改变你对自己及生活的感觉。拥抱一种快乐成瘾，或者两种快乐成瘾，会带来清新活力、观点，还有各种可能性！

你目前学习的东西都将一步步带你前进，构建一个个渐进、可行的进步，并最终抵达成功。每前进一步，你都会感觉到越来越有能力、越来越有自信。

这里有四个注意事项。

第一个注意，"每一天"都有一个相关联的步骤，按部就班地前进。第1天=第1步，第2天=第2步，以此类推。在前一天的基础上，每一天的内容逐渐增加，当进步自然地发生时，你的能力和技巧会变得很强大。因此，到第5天时，你的能力自然包含第1天到第4天完成的练习中获得的能力。

第二个注意，我们每个人都是独一无二的，不见得每个人都想精准地按照列出的步骤前进。比如，在追求快乐成瘾的过程中，你可能需要提早用到第16天的练习资料。因此我们建议你，在开始前至少将这30天的步骤看一遍。任何路障，都可能按照步骤顺序提供的策略获得解决，如果你需要往前跳过几个步骤来解决当下问题，完全可以帮自己量身定制。当你需要的时候，简单地运用书中的指引。记住，你不是"逃避跳过"，只是简单地从未来先借用一下。

第三个注意，每天投入时间的承诺是一样的，就算有时候时间长短不一。比如，你的目标是每天投入 30 分钟在快乐成瘾活动上，而某一天的练习步骤是填写问卷，只需要花 15 分钟时间，你就会有 15 分钟可以投入快乐成瘾活动本身。

第四个注意，尽管我们设计成 30 天，也就是 30 个步骤的形式，但很有可能你不需要 30 天中的某些练习。然而，有备无患总是好的，所以不要跳过，或是不练习。在第 12 天看似无用的练习，可能在第 27 天带来不错的效果。我们邀请你认真完成完整的 30 天计划，以确保它带来的助益可以远远超过 30 天——事实上，我们希望维持一辈子快乐成瘾。

> 每一个不曾起舞的日子，都是对生命的辜负。
>
> We should consider everyday lost in which we have not danced at least once.
>
> ——弗里德里希·尼采（Friedrich Nietzsche）

我们用两个比喻来描述一下快乐成瘾的旅途。第一个比喻是一阵旋风。想想一阵旋风的样子：一开始时很小，然后渐渐增加大小和速度，直到它成为一个巨大、完整的个体，就好像带有独特的生命力。你朝向快乐成瘾的成功旅途也是如此，一小步一小步逐渐增加，在前一步的基础上每一步都踏稳，如此一来，初期你需要紧紧抓住的东西（自信心、决心、纪律）最后会反过来支持你！

另一个比喻是金色阶梯，有一个美丽的金色阶梯通往属于你的胜利宝座。只要你到达那里，就能够全然地感觉到：你所努力的快乐成瘾成为美好生活中自然的一部分，而你让自己美梦成真！

第一步总是最陡峭的，你落实越多的行动和行为，就越让之后的每一步变得更加平稳、轻盈。这个逐渐累积的经验开始产生它的自发动力，在几步之后（出现时间因人而异），来到某个点，平衡开始改变，你将发现自己无法自拔地被动力推着向前进，而很难退步。

下面来介绍我们的向导——珍。

珍是一位真实存在的女性的化名，我们将她的30天旅程作为一个例子，来启发激励我们。

珍是一名中年女性，已婚，有3个孩子，分别是6岁、10岁与12岁。在结婚生子前，她是一位苗条、有吸引力、积极主动的会计师。婚后，遵循大众的固有观念，她选择在家当贤妻良母。年轻时的她曾涉足艺术，且对水彩画特别感兴趣，这在过去带给她莫大的享受。自从结婚以后，她已经很久没碰过画笔了。

最近发生了一些事，带给她很大的生活压力。她开始感到无能、被困住，对外界事物失去兴致乃至抑郁。她的抑郁症状导致饮食失调和越来越胖，而这又成为她的另一个压力来源。

她的治疗师建议她尝试一下我们的30天计划，珍愿意试试看，并对培养属于她自己的快乐成瘾这件事感到兴奋。回想起过去对绘画的热爱，她开始认真考虑重新追求艺术，但她觉得自己没有时间和精力认真地做这件事。

她的治疗师给了她很多支持，她开始了30天计划。她选择的

图 10-1　金色阶梯

快乐成瘾是水彩绘画，而她的目标是每天花一个小时在这个"好习惯"上（见图10-1）。

第1步：点燃热情

在起跑点上，抱着好玩有趣、清晰、正确的心态前进。这跟意志力或动机没有关系。你专注当下的能力，利于展开许多细微的小步骤，会帮助你看见、听见、感受到，甚至尝到快乐成瘾的滋味。这会成为你心灵的一部分。最棒的快乐成瘾是通过能量、热情和适当的乐观继续燃烧着。

具体做法

（1）提醒自己，快乐成瘾会带来幽默、好心情，同时负面成瘾在人生中则没有什么意义。

（2）你是经过周密思考才选择的快乐成瘾，因此，你可以沉溺其中，而不需要有罪恶感。

（3）回想起生命里你也曾有过"激情燃烧"的时刻。专心感受一下，重新释放当时的想法、感觉和感受。

珍的第1天

她回想起每个孩子出生的那一刻，重温生小孩时那种无比的幸福和满足感，然后用这些感觉来思考如何实现她的快乐成瘾。

她对于即将展开的旅程感到兴奋，但今天她没有做其他的事，只是数次告诉自己，"我很开心，又要重新开始绘画了"。

第 2 步：评估准备状态

一种准备好的状态，是采用所需的工具去完成一个实际项目。丹·加特瑞尔（Dan Gatrell，2013）曾说，这不是一种知识状态，而是一种心智状态。有些人通过社交、决心、技巧组合、个人特性，甚至"坚持到底"来评估准备好的程度。思考一下：你需要怎样的空间或装备，来帮助你追求快乐成瘾？

具体做法

（1）完成以下 10 个理由填空。

我知道我能做到＿＿＿＿＿＿＿＿＿＿＿＿＿＿＿＿＿＿＿

因为＿＿＿＿＿＿＿＿＿＿＿＿＿＿＿＿＿＿＿＿＿＿＿＿

因为＿＿＿＿＿＿＿＿＿＿＿＿＿＿＿＿＿＿＿＿＿＿＿＿

因为＿＿＿＿＿＿＿＿＿＿＿＿＿＿＿＿＿＿＿＿＿＿＿＿

因为＿＿＿＿＿＿＿＿＿＿＿＿＿＿＿＿＿＿＿＿＿＿＿＿

因为＿＿＿＿＿＿＿＿＿＿＿＿＿＿＿＿＿＿＿＿＿＿＿＿

因为＿＿＿＿＿＿＿＿＿＿＿＿＿＿＿＿＿＿＿＿＿＿＿＿

因为＿＿＿＿＿＿＿＿＿＿＿＿＿＿＿＿＿＿＿＿＿＿＿＿

因为_____

因为_____

因为_____

（2）完成以下句子。

我已经拥有某些特质，可以确保我成功的特质是：

_____

_____

_____

（3）问问自己："如果无法拥有快乐成瘾的权力，我会感觉如何？"

_____

_____

_____

珍的第 2 天

珍将家中客房的一个角落，整理成她的"工作室"——一个她可以安心绘画，不被打扰的地方。

她也添购了必备的绘画用具，准备开始她的旅程。

坐在工作室里，珍逐一回答以上问题，发现只是回答问题，就已经感觉自己精力充沛，完全准备好启程了。

接着，她去一家书店，买了一本绘画自学手册和一些装备，以让自己的准备工作更完备。

那一天，虽然她还没真的开始动手绘画，但她已经准备好了！

第3步：找到协助者

　　成瘾通常出现在社交情境里。有一个"瘾君子"，就会有一个"共依存者"，或称"协助者"。协助者会帮助瘾君子持续投入到成瘾行为中。协助者会默默地，甚至盲目地创造一个容易成瘾的环境。在负向成瘾的例子里，他们可能忽视成瘾行为、替成瘾找借口，或大大低估它的严重性。

　　然而，当我们建立快乐成瘾时，可以自由地寻找另一种协助者。他／她是支持你的伙伴，帮助你创造并维持你的快乐成瘾。

具体做法

　　（1）找一个能支持你快乐行动的人（伴侣、家人或朋友）。

　　你的协助者（们）是：_____

　　（2）向对方解释你的快乐成瘾计划和过程，寻求他／她的协助。

　　（3）共同讨论并列出两三种对方可以提供协助的具体方法，比如：接送你到快乐成瘾发生的地方（健身房、烹饪班、绘画工作室），向你保证不会打搅你从事快乐成瘾，（在你要求时）提供正向、有建设性的回馈，以及倾听你的路障或是成功经验。

_____
_____
_____
_____

珍的第 3 天

珍选择了她的先生作为协助者。她向他仔细解释了自己的快乐成瘾计划，以及她为什么需要这个重大改变。

她向先生寻求帮忙——在她建立快乐成瘾的过程中，确保她不受外界的打搅（没有电话、不被打断、不受孩子干扰）。

那一天，她并没有实际动笔绘画，但花了10分钟左右的时间，在工作室中静默聆听。

第 4 步：尊重自己的风格

在你重视的事物风格基础上，量身定制你的快乐成瘾。如果你喜欢做事慢慢来，那就慢慢进行。如果你的风格是自由奔放，那就尽情挥洒。如果你的风格是条理分明，那就按部就班进行。如果你是情感丰富的人，那就找方法以善用你的情感。

了解并善用你的个人风格，而不是想要套用一种"完美风格"，有助于你提升自信心和发展更棒的个人风格。这意味着当你选择快乐成瘾时，不仅要考量你的个人风格，同时也要把它纳入你发展快乐成瘾的一部分，善用你的个人风格。

珍的第 4 天

珍一直知道自己热爱艺术，但总是太过于想成为别人眼中理想的人，因此她感觉自己是为别人的期望而活。

她开始重视自己的需求，也准备好要开始一段绘画之旅，但还是不太确定要如何开始。

她觉察到自己需要慢慢来，于是那一天，她只轻轻将笔刷沾了些水，在工作室中待了20分钟。

第5步：填写问卷

大多数人都有强项，有些事情对于我们来说很容易，有些个人特质会帮助我们获得成功。然而，我们同时都会自我受限而批评自己，所以经常错过一些机会，忽略我们拥有的强项。有时候我们害怕别人认为我们是骄傲的，认为我们是自私的，而不敢展现自己的强项。告诉自己"我不够好"，总是比告诉自己"我做得很好"要容易些。

具体做法

（1）列出几种你的个人特质。

_____

_____

（2）当你在追求快乐成瘾时，找一些方法以善用你的强项。

_____

（3）回想过去，你是如何运用自己的强项来克服障碍和困难的？

（4）在追求快乐成瘾的过程中遇到障碍和失败时，你如何运用自己的强项去克服这一切？

（5）你已经在第1步的过程中点燃热情，你可以把这个部分当作你的强项，用它来帮助你在旅程里大步迈进。

珍的第5天

珍做了一张个人强项的清单，贴在工作室里。

她发现，在多年以后重新拾起画笔，这件事让她感到害怕，但她也发现，她有个强项是"坚持不懈"。

她花了10分钟把玩着画笔和水，又花了10分钟在湿润的纸上添加颜料，但她仍然不舒服，也不确定要如何继续进行。

第 6 步：思考过去的成功经验

虽然和第 4 步有点类似，但是这一步是更深入思考，允许自己在这一天花时间感受自己曾经很强大。过去的成功经验，指的是过去你曾解决一个问题或是在艰困的情境下杀出一条血路。

具体做法

回想过去某个时刻，你让改变发生，不论事件大小。
（1）把它们列出来。

_____

_____

_____

_____

（2）回顾它们。
（3）把过去你曾用过的成功策略，运用在新的快乐成瘾中。

珍的第 6 天

她想起自己曾经为了孩子的教养问题，寻求邻居的协助（珍向来很难开口请求别人协助）。

这一次她决定寻求一位杰出的画家朋友的协助，请教如何开始绘画创作。

这一天她花了一小时与画家朋友交流。这就是她的快乐成瘾的第6步。

第7步：聚焦于现有的快乐成瘾

处于快乐成瘾的初期阶段，你可以思考一下，你目前所拥有的快乐成瘾。

大脑是很厉害的错误侦测器；在各种情境中，它都会察觉到错误的地方，所以你会很自然地发现，在你追求的新的快乐成瘾和已完成的其他快乐成瘾之间，可能有些不协调的地方。但是，只要简单地觉察已有的快乐成瘾，同时想想即将开始的旅程，你就很容易发现过去没找到或是没被识别的资源。

具体做法

（1）列出你已有的快乐成瘾——每天早晨读报纸、下班后和小狗玩、在上下班的路上聆听古典音乐。

_____

_____

_____

（2）思考一下，你需要什么技巧/资源——你目前的快乐成瘾已经具备。

（3）想想你现在拥有的能力/资源，用它们来帮助你建立新的快乐成瘾。

珍的第 7 天

珍知道自己在做家务上很有条理、很有创造力、很认真仔细，她可以把这些个人特质运用在绘画上。

这让她在第 7 天充满了信心，开始一些简单的水彩绘画。她花了半个小时在工作室里尝试不同的绘画内容。

第 8 步：撷取正向渴望

渴望促使我们去做事，做那些我们已经熟练的事。渴望会带领我们朝着我们的习惯前进；它们触碰到了大脑里需要立即满足的部分，无论是正向的（比如对运动的渴望）还是负面的（比如对薯片的渴望）。

在第 8 天，好好检视你的渴望，当负面渴望出现时，你可以有效处理它。虽然到了第 8 天才介绍这个策略，但你每天都可以花几分钟时间细细品尝你的正向渴望（一天一次），试着在身体里记住这种具体渴望带来的感受。比如，运动可能会带给你满足、轻松、自豪、自信，以及"淋漓尽致的痛快感"。在身体里记住这些感受就像记住一个重要电邮一样。

具体做法

（1）经常做这样一个实验，回想跟正向渴望连接的很棒的身体感受。

（2）将身体感受与一个动作连接，比如拨弄一下你的头发。

（3）现在，有一个负面渴望把你推离了追求快乐成瘾的道路，你可以拨弄一下你的头发，把负面渴望跟正向渴望的记忆锁在一起。

（4）不需要跟负面渴望搏斗。如果你把它们跟正向渴望的感觉记忆连接在一起时，它们很快就会消退。

珍的第 8 天

珍今天感觉她要做更多家务，而不是待在工作室里。

她聚焦在自己经常有的正向渴望的愉快感觉里（享受一杯好咖啡），把想要做家务的冲动渴望锁住。

她不怎么有罪恶感，轻松愉快地绘画了 30 分钟。

第 9 步：找其他人参与其中

一旦你创造了自己的愿景，就是时候与其他人分享了。对一群人做公开的承诺是一种简单方法，可以巩固行为上的改变。这会给你一针强心剂推动自己前进。

你也可以将此当作自己跟自己玩的游戏。或许，每当有小小成功时，你就将一些钱存入特别的"小猪扑满"里，而每当有退步或挫败时（我们总是会遇到），你就将钱存到爱人或是朋友的账户里。

具体做法

（1）和朋友、家人聊聊，向他们解释你的愿景。

（2）对他们做出口头承诺。

（3）如果合适的话，向他们解释，你的成功会如何正向地影响他们——"在家里有个更快乐的老爹""拥有一个更自在的事业伙伴""较少听到我对变老这件事的抱怨或发牢骚"。

珍的第 9 天

珍告诉了家人她的时间规划，以及她想要的成果。

这让她更容易保持动力，不会想跳过绘画的日子。

这一天，她画了 20 分钟，她的家人都为她的努力鼓掌叫好。

第 10 步：效法卓越榜样

以其他卓越人士为榜样，他们拥有你追求快乐成瘾时所需要的能力和强项。他们的成功经验不见得跟你追求的快乐成瘾的成功经验一模一样。你要学习的是他们按部就班的策略，把有帮助的强项运用在自己身上。

我们都有类似的经验,学习其他人的成功经验行为。当我们模仿别人的行为时,不需要具体教导,学习自然发生。你越看重模仿的对象,你的模仿学习就越有效。

具体做法

(1)找到一个值得学习与效法的榜样(可以是身边的人或是名人),仔细观察这个人的行为。

我的卓越榜样是:＿＿＿＿＿＿＿＿＿＿＿＿＿＿＿＿＿＿

(2)做些笔记,具体写下来,同时也牢记在心。

(3)调整、发展、运用这个榜样的方法,量身定制成适合你的目标和风格。

珍的第 10 天

她再次拜访那位画家朋友,花了半个小时观察朋友作画。

她回到自己的工作室,又花了半小时绘画。

第 11 步:在脆弱中找到强项

在脆弱中找到强项可能听起来有点矛盾,但负面成瘾有时也深具力量,能够作为快乐成瘾的动力。比如,在自暴自弃的模式里，可能拥有的隐藏强项是"忠诚、一致、坚持，以及情感丰沛"。我们一旦辨识出这些强项，就可以顺势而为运用在快乐成瘾旅途上。你可以施点炼金魔法，把铅块变成黄金。

找一种你现有的负面成瘾（每个人都会有一些）。在心里默念或大声说出达成快乐成瘾的强项。

具体做法

写出造成负面成瘾的特质，承认并接纳它们，然后重新定义它们，就是改变的开始。用同样的特质来帮你达成快乐成瘾。

_____
_____
_____
_____
_____

珍的第 11 天

珍每天至少花半小时时间作画，但对自己的进展感到沮丧。

她想到自己做家务的负面成瘾，也找到了一些造成负面成瘾的特质。她将这些特质，比如有条理、善于观察、勤奋、坚持不懈等，运用在新的快乐成瘾上。

那一天，她在最后的 10 分钟里重新找到了积极正向的态度，也了解到她真的可能成功。

第12步：缓步前进

只有超人可以一个箭步就跳过高楼大厦。对我们大多数人来说，都需要一步一步慢慢来。特别是在费尽力气却步伐蹒跚时，我们需要把大项目分解成多个子项目。请记住路易斯·萨查尔（Sachar, 2015）说的：“宁可在正确的道路上踩着很多小步伐前进，也不愿往前奋力一跳，却发现自己绊倒、后退了。”

具体做法

（1）追踪你的进步。
（2）抓住任何小成功，鼓励自己。
（3）从小处着手，从大处着眼。
（4）想想匿名戒酒协会的"十二步骤"声明："一次只活一天"。（译者注：美国有一个匿名戒酒协会，帮助负面成瘾的人戒除成瘾，他们鼓励成员不要夸下海口想着终身不碰成瘾物，而只要努力过好眼前的每一天，一次只活一天）。

珍的第12天

因为前一晚没有睡好，她在第11天获得的热情烟消云散了，她发现自己看着空白的画纸发呆苦恼。

她选择不接着作画，而是找到以前的作品，做些小修改。

她只在工作室内待了20分钟，但为了这些小努力，她还是奖赏了自己一杯香浓的咖啡。她在书桌前安详地享受这杯咖啡，等孩子放学回家。

第13步：察觉焦虑

现在已进入快乐成瘾的第二周，是时候检视一下你的焦虑状态了。改变经常会引发焦虑，就算是好的改变（有时候，好的改变尤其能诱发焦虑）。对于失败和成功我们同等害怕，因为它们是状态的改变，会带来一种迷失感。但改变同时也令人兴奋，澎湃激动的情绪也是改变过程的一个步骤。焦虑是一种有助益的情绪翻搅，因为它会推动改变。

把焦虑想象成火箭的第一阶段推进器。它是必要元素，同时，如果不小心处理（忽略它也是一种危险），很有可能会带来致命后果。

评估你的情绪翻搅，首先要重新定义你的焦虑为一种情绪翻搅。通过看见你的情绪来评估它。

关于追求快乐成瘾这件事，聚焦在造成你焦虑的原因上。你可能发现，根本没有所谓"具体原因"造成焦虑。

具体做法

（1）写日记，记录焦虑。刻意重写焦虑的故事（重新述说，跟它做朋友），将焦虑看成一种情绪翻搅。

（2）与其去扫荡你的焦虑，不如招募那种翻搅情绪，跟它做朋友。

珍的第 13 天

珍发现要从日常家务中抽出额外时间来作画，让她感到焦虑。

她发现自己在工作室里感到紧张和无法专心，也发现自己有些罪恶感。她将这些写在日记里。

她把这些焦虑改写成，"我对绘画感到兴奋，情绪激动地看到画纸上布满色彩，我感到精力充沛，想要追求这种快乐成瘾"。

第 14 步：不给自己找借口

这是个很有趣的今日任务或者说新步骤，一开始可能看起来很奇怪。不给自己找借口，这在你追求快乐成瘾的过程中非常重要。寻找"为什么"，或是"背后原因"，都是永无止境的过程，本身一点意义也没有，对改变也没有帮助。比如，知道自己为什么有糖尿病并不重要，重要的是找到解决方法。

你心里的感受会牢记在你的头脑里，而你头脑里想的理由通常不会牢记在心里。所以，当你走在快乐成瘾道路上，试着别为了退步、小失败，或任何阻挡你前进的事物找理由。相反地，接受这些挑战让它们成为旅程的一部分，才能在逆境中乘风破浪！

具体做法

(1) 当你因为某些困境而反复思考,为什么某事发生或是没有发生,告诉自己"停下来!我不需要找理由"。问自己"如何改变"或"改变什么"。"我该怎么做?替代方案是什么?"

(2) 如果你发现自己花了许多时间和精力,向自己或别人解释你行为改变的原因,请记住你的时间和精力应该投资在改变上,而不是花在找理由上。

(3) 还记得你在镜子前摆出一个负面状态的动作,接着摆出一个正向状态的动作吗(第4章"试衣间"内容)?转换你的身体动作,就能转换你的情绪。

珍的第 14 天

珍发现自己站在画架前,想着为什么她没去处理那堆逐渐增加的脏衣服。

她放下画笔,坐得笔直,告诉自己,不需要为自己选择的行为做解释,因为这样做是对的。

第 15 步:增加讯息

整合新的讯息和找借口是不同的。尽管你不一定需要做事的理由,但是关于如何前进,多点讯息总是好的。更多知识、更多指示，或是更多阐明，可以在对的时机给予最适当的推动力量。如果你诚实地面对自己，你将能够分辨出，哪些东西只是消遣娱乐，而哪些是有用的额外资源。

具体做法

（1）当你觉得卡住了，在追寻快乐成瘾的过程中停滞不前，可寻找其他建议或信息，用来支持你前进。

（2）网络也是很棒的资源，但不要沉溺在网络世界里，找到你需要的讯息，就离开网络。

（3）多看多听——总是有许多建议和方法！

珍的第 15 天

珍无法画出自己想要的效果，感到很沮丧，准备要完全放弃快乐成瘾这件事了。

与其坐在家里沮丧，不如行动起来面对沮丧。那一天她花了整整一个小时逛了一家书店，买了几本对她很有帮助的书籍。

她再次感到兴奋，因为跨越她的沮丧，她拓展了自己的眼界。

第 16 步：创造愿景

在你心中，看见你的目标就像是看见电影里的一幕画面。很清晰真实地看见自己活出快乐成瘾的样貌，其中有场景布置、有美好氛围，甚至可能有音乐响起。

想象一下网球的挥拍动作。有一个准备动作、有一个执行、有一个后续跟进——又可以区分为事前、期间及事后。这是个让自己深入了解快乐成瘾的过程，并强化它的好机会，如此一来，当你情绪低落时，就可以轻松地重燃热情。

具体做法

（1）分辨出并真实看清楚，你开始快乐成瘾活动之前发生了什么，在你做快乐成瘾活动时又发生了什么，在你完成快乐成瘾活动之后又发生了什么。用字句去真实地描述每个片刻，不仅是你看到了什么，还包括你感受到什么。在以下的例子里我们用了"心痒痒的""兴奋"以及"骄傲"。

（2）写下一些句子描绘这些时刻：

在快乐成瘾开始之前，我觉得心痒痒的，好像要_____

_____

_____

在快乐成瘾活动期间，我感觉兴奋，要做_____

_____

_____

在快乐成瘾活动之后，我感到骄傲，我_____

_____

_____

（3）什么是速记法？通过速记，当我们需要时，就可以轻易回想起"心痒痒的""兴奋"以及"骄傲"这些词语。

珍的第 16 天

她的三个词语是"热切""快乐""放松"。
接下来每天，在快乐成瘾活动之前，她都会回想这些词语。
她在这一天绘画了 40 分钟。过程中她感觉放松，快乐随之而来。

第 17 步：宣誓独立

现在已经进入快乐成瘾计划的第三周，是时候做独立宣言了。心理学家亚伯拉罕·马斯洛在第二次世界大战时进行的一项研究显示，美国人是如何改变他们对于肉类副产品的态度的，他们其实不习惯吃肉类副产品，但是当时打仗，只有肉类副产品可以吃。马斯洛发现，对同侪团体宣示，是催化改变最有效的方法。换句话说，政府鼓励人们公开宣示他们会食用肉类副产品，以示支持自己国家的军队。

具体做法

（1）告诉其他人，你的快乐成瘾所创造的改变有多么棒。

(2) 写信、写笔记、写电邮、打电话给你的朋友或亲戚，让他们知道。带着喜悦将你全新、正向的感觉呐喊出来。

珍的第 17 天

她花了整整 45 分钟绘画。
她写电子邮件给许多人分享她的好心情。
她在晚餐时向家人宣布她的进步以及美妙感受。

第 18 步：处理"祖传之物"

"祖传之物"，在这里指的是世代流传下来的特质，而这些特质通常以负面成瘾的形式出现。通常父母会展现一些问题行为，而这些流传下来的问题行为会干扰我们追求快乐成瘾。

以"没耐心"为例子。如果追求快乐成瘾的人体验到"祖传的"没耐心，就必须辨认出并处理这种感受以及行为。一个棘手的"祖传之物"可能要接受跨代心理治疗，不过分辨出这种感受不属于你，可以帮助你分辨什么正确、什么不正确。过去有段时间"没耐心"可能有帮助，但现在或许没帮助了。

具体做法

（1）如果你发现在现阶段的快乐成瘾过程中遇到困难，先暂停。检视一下这个问题是从哪里来的。

（2）问问自己，现在面临的困难有没有可能是过去流传下来的"祖传之物"。

（3）如果你怀疑它是"祖传之物"，考虑与这个"祖传之物"的创始人讨论一下，如果你无法建设性地与创始人讨论这件事，可以考虑一下跨代咨询。如同先前提到的，有时候仅仅是了解问题本身，就可以解锁困局。

珍的第 18 天

她进行得很顺利，但在第 18 天，她突然对画得不好感到很生气，导致必须停止绘画，这一天她只画了 15 分钟。

经过一番反思，她发现她母亲经常容易生气。她打电话给母亲，她们谈了很久，她懂得了母亲是如何管理自己的情绪的。

当天，珍在快乐成瘾的旅途上运用了一些技巧，但没有继续绘画。她用剩余的半小时反思，以及打电话给母亲。这真是个好投资！

第 19 步：尊重阻抗

官僚主义存在于每个组织里，包括家庭和个人之中。官僚主义是一种静止机制，是反对改变的一股力量。这股力量以阻碍的形式出现，所以重要的是辨认出它并接纳它。发现阻抗力量的潜在功能也是很重要的事。我们可以扪心自问，这个挡在我们前进道路上的障碍的存在目的是什么？一旦我们发现深层意图，跨越这个障碍就会容易些，需要处理的议题也会变得更加清晰。

具体做法

（1）当你面对路障时，问问自己："它对我有什么好处？""它如何保护我？""如何让它为我所用，而不是阻挡我前进？""可以把它带到让我前进的团队里，让它成为我团队的向导吗？"换句话说，与你的路障进行面谈，创造一个属于你的美好故事。

（2）坚定立场，接受路障的出现是有原因的。比如，生气可能是一种警告，提醒你小心，不要走错路。再如，缺乏能量可能是邀请你调整步调，邀请你慢下来，以便有更多的消化吸收，而不是按照你的旧习惯匆忙处理。一旦你接纳它、聆听它，就能再度前进。

珍的第 19 天

珍遇到一个路障，她的孩子很生气地抱怨，妈妈都没花时间陪他们，他们很不高兴。

珍和他们一起坐着，他们一起讨论，她发现孩子对她的快乐成瘾感到嫉妒，他们觉得自己被冷落了。

他们找到一个解决方法，可以同时满足双方需求。孩子们会尊重珍的私人快乐成瘾时间,而珍会在星期天给孩子们额外的"共处时光"。

一旦珍决定要扪心自问、厘清问题,而不是将路障看成难以克服的,家庭成员间的讨论便显得轻松、有效率。解决这个问题之后,珍还有半小时可以绘画,而且是完全没有罪恶感地进行绘画。

第20步:避免"应该"用语

"应该"用语在大多数人身上都很常见。"我应该要……"或"他(她/他们/你)真的应该……",这些"应该"用语代表期待,有时候是不合理的期待,而这些期待同时来自内在("我应该要减肥")及外在("你应该要减肥")。当然,内在声音是由外在因素造成的。"应该"用语对我们没有帮助,它们通常只会让我们不舒服和愧疚,并不会帮助我们采取积极行动。

因此,与其去说,或是想着你的"应该"用语,不如试着这样说,"我会这样做,因为我想要……"言语的转变也是心境的转变,你可以从感觉有压力,到感觉自由轻松且充满希望。

记得前文我们提到过,跳脱出"我必须(I have got to)……"的说辞,而代之以"我可以(I get to)……"。改变一个词就能改变全部意思!"喔,我必须停止拖延"改成"嗯,我可以停止拖延"。

觉察一下,你内心自我对话的本质。

具体做法

（1）当你听到自己说"我应该"，试着用"我选择"取而代之。

（2）避免在自己身上使用"我应该"，也不要接受别人把这个词用在你身上。

珍的第 20 天

在工作室中绘画 30 分钟后，珍突然觉得自己现在"应该"要画得更好。她感到非常沮丧。

她回想起必要的步骤并且对自己大声说，"我选择画得更好，所以在调色及绘画时我会更深入感受"。

接下来的 15 分钟，她继续愉悦地绘画。

第 21 步：做个违反常理的人

有时候允许你的直觉或是天马行空的想法自由表达，甚至可以让情境看起来很不合常理。理性思考无法带领你走太远。问题的本质，本身就不合常理。因此，允许你自己使用不合常理的方式去解决不合理的问题，不要浪费"理智思考"在无法解决的两难情境里。

不合常理地思考——是的，让自己荒谬一下，偶尔找个愚蠢的答案。你可以享受放下理智的好处。一个好例子是关于一位想要减肥寻求咨询的女士。为了帮助她断开回忆里小时候跟食物的负面连接,咨询师让她与食物玩耍,用食物打一架,找个朋友来场食物大战,然后把一些食物包装得很精美,寄到"非洲的救济贫穷协会"——这是小时候当她没把食物吃完时,她父母常常拿来告诫她的。这些天马行空的荒谬行为,对达到减肥的理想目标非常有助益。

具体做法

(1)当某个和你的快乐成瘾有关的事物困扰你时,找一个荒谬的解决办法,而不是试着找到最好的处理策略。

(2)当你寻找方法战胜路障时,与你自己的内在创造力连接一下。

(3)花几分钟时间创造一份"荒谬解决办法"清单,来处理任何跟你的快乐成瘾有关的问题。首先脑力激荡一下可能发生的路障和问题,然后天马行空地创造荒谬解决办法。

珍的第 21 天

今天在"工作室时间"刚开始时,珍建立了一份她预期会遇见的问题清单,包括家人对她每天离开一小时感到不开心——即使他们已经好好谈论过这个问题了。

她想了一些简单、笨拙的方法处理这个问题,包括创造"笑脸图表"。

家人没有打扰她的快乐成瘾时光时,她会在晚餐时发一个笑脸贴纸给家人。

她用剩下的 40 分钟平静地绘画,知道自己已经准备好面对可能发生的障碍。

第 22 步:运用比喻

所谓的比喻,指的是认出两个事物之间的相似处。当你遇到障碍(或者只是心情低落)时,运用你的能力把障碍或感觉跟某个事物连接起来。

比如,咨询师邀请那位想要减肥的女士做个比喻——她和食物的关系看起来像什么?女士回答:这就像跟我的食物结婚一样。他们一起安排了一个象征仪式,女士想象自己带着一张合约到法院,象征式地与她的食物离婚,把这张旧合约扔到了垃圾桶里。

具体做法

(1) 当遇到阻碍时，替它找个比喻。

(2) 思考比喻时，发挥想象力和创造力，让这个比喻天马行空地自由挥洒。

(3) 如果你卡住了，向你的协助者寻求帮助。

珍的第 22 天

珍发现，她偶尔仍会对自己离开家庭一个小时而怀有罪恶感。

她想到的比喻和那位减肥女士一样。她发现自己也是"嫁给"了她的家务。她写了一份"分手协议书"（白纸黑字写下），其中她合法地分配了某些自由时间，包括一天有一小时可以绘画。

她微笑着提起画笔，那一天她整整绘画了 50 分钟。

第 23 步：运用模式中断

模式中断包括用一个活动来改变或"推翻"现有的活动。我们在追求快乐成瘾时，这种方法非常有效。

在你现阶段的进展里，很可能你会质疑自己当初想要追寻快乐成瘾的决定。你可能会"怀疑"自己当初的理由和决心。如果你现在不是这样想的话，研究一下你参与的改变过程，当怀疑出现时，你就可以充分准备好了（因为怀疑很可能随时出现）。

具体做法

（1）一开始演个默剧，演出你在进行快乐成瘾的目前时段中，会进行哪些活动？

（2）然后突然拍大腿或按摩自己的大腿，创造一个模式中断。

（3）以演默剧的方式进行你的快乐成瘾，用身体记住快乐成瘾的感觉、快乐成瘾的目的和意图。

（4）注意这个姿势动作所连接的正向感受。

珍的第 23 天

同样的问题持续出现，因为她把时间投注在快乐成瘾上，她感到有压力。

她以演默剧的方式做家务，然后默默地提起她的左手轻柔按摩右手，创造一次模式中断。现在无止无休做家务的压力得到释放，取而代之的是她安抚自己的能力。

那一天，她画了几幅速写，开心地进行了 45 分钟。

第 24 步：反制约

反制约策略对"对抗"已经被快乐成瘾改变的先前存在情形也有帮助，有时候我们称为"刺激取代"。反制约，意思是在同样情境中，把一种负面或不想要的反应用一种较正向的反应取代。

因此,你在追求快乐成瘾过程中感到不开心或不舒服时(即使只有一些不满),反制约可以协助你驱散这些感受。

具体做法

想象你自己持续负向的行为,写下所带来的风险。

(1)写下这些风险。

_____
_____
_____

(2)如果你持续这些行为5年、10年或15年,你会变成什么样?你心理上和身体上的感觉如何?

_____
_____
_____

(3)想象一下可能的后果。

_____
_____
_____

(4)想象持续进行你的快乐成瘾5年、10年或15年,会有什么美好结果。

_____
_____
_____

珍的第 24 天

珍写了一份清单,如果像过去一样继续努力工作,没有私人时间,结果会怎样。这看起来很糟糕。

她写了另一份清单,如果持续追求快乐成瘾会有什么结果。这份清单带给她快乐和平静。

她用了剩下的 50 分钟很开心地尝试用不同色彩绘画。

第 25 步:发展快乐交互成瘾

交互成瘾的意思是,运用一种跟原先的成瘾类似的替代成瘾。在这里,我们指的是情境可以与新的快乐成瘾互补。换句话说,找到一个可以和你现有的快乐成瘾行为相配合的活动,然后同时进行。最常见的例子是,做运动配合健康饮食,而运动是主要的快乐成瘾活动。你可以想象更多的可能性,根据自己的喜好找到互补活动。

具体做法

(1)想一想,哪些活动与你的快乐成瘾互补——编织的同时学习一种外国语言,游泳的同时在脑子里写诗,等等。

_____

_____

_____

_____

（2）选择一两个活动，尝试将它们融入追求快乐成瘾的行动里。

珍的第 25 天

珍写下一份清单，包含几个可以在绘画的同时一起进行的活动。

虽然她以往热爱古典音乐，但没有时间好好享受。现在她可以一边绘画，一边享受古典音乐了。

在第 25 天，珍整整绘画了 60 分钟。

第 26 步：挑战信念系统

这个步骤指的是在信念系统里做出智慧改变，也就是你的各种重要人生价值观要做出智慧改变。改变你的信念系统是有可能的，而且有时候是必需的。比如，为了在快乐成瘾道路上继续前进，选择放下"我做不到"的信念。

一个常见的负面成瘾信念，也可能是阻挡你在快乐成瘾中前进的信念："我不值得拥有"。如果一个人被这个信念捆绑住，他最终会失去任何可能性，只会感觉自己不值得拥有。

信念会引导我们——通常是走向正途，但有时候也会带我们走上歧途。在这种情况下，有必要去挑战你的负面信念，并创造自给自足的状态，带着自信妥善运用个人资源。

具体做法

（1）花些时间找出自己拥有的负面、不适当的信念。

_____
_____
_____
_____
_____

（2）提醒自己，信念会创造事实。当面对负面信念时，试着不让自己感到挫败。

（3）重新整合你的负面信念，使它变成正向信念，把"我不值得拥有"变为"我值得拥有，我有价值"。让这个新信念成为你的口头禅，它最终会引领你走向更棒的人生。信念创造事实。

珍的第 26 天

今天很糟糕。女儿生病了，珍必须待在女儿身旁照顾她，无法去工作室绘画。

对于把时间用在追求快乐成瘾而不是孩子身上，她再度产生不舒服和罪恶感。

为了回应旧信念，她很有智慧地改变自己的信念，重复告诉自己："我是一个好母亲，我值得拥有我的快乐成瘾。"

虽然这一天她没有绘画，但她记得，不要连续错过两天的快乐成瘾。因此她拜托她先生第二天帮忙照顾女儿半小时，所以她第二天可以继续绘画。

第27步：改变你的身份

这个步骤类似于改变你的信念系统，鼓励你更详细地检视任何可能妨碍你快乐成瘾目标行动的感觉或个人障碍。要做到这一点，我们有必要了解以下糟糕的想法从哪里来。考量以下看法。

我很难过，因为我父亲去世了。
我很生气自己今天吃太多。

以上例子是被外在情境影响。

我很抑郁，因为我父亲去世了。
我讨厌自己吃东西的方式。

以上说法代表"我"的状态。

我很抑郁。

我无法控制自己的饮食。

以上说法代表一种问题或疾病。

我是一个抑郁的人。
我是一个饮食失调的人,我对食物上瘾。

以上观点是身份认同议题。

最容易改变的是外在情境,最难改变的是身份认同。在追求快乐成瘾时,必须改变身份认同的某些元素。

你已经快要到达第30天了,太棒了!现在,很可能你偶尔还是会有挣扎,这没有关系。在第27天,你可以花些时间了解一下"身份认同"。改变你的身份可能听起来是个艰巨任务,而且你可能发现自己有点固执,不想改变。但是在人生的不同阶段,其实你已经多次改变自己的身份。

你以前是个孩子,你也认同自己是个孩子。然后你长大了有了不同的身份。结婚之后你的身份是配偶,生小孩后你的身份是父母。人生每个阶段、每个选择,你的身份都会改变。因此,改变身份是一个持续发生的过程。

具体做法

(1)今天,在你的快乐成瘾活动开始前,花10分钟检视和觉察一下你有哪些隐藏的自我身份,你会秘密地做什么事情,身份认同是什么（这对你而言是一种挑战）。比如，"我是一个购物狂"。

（2）列出那些秘密的身份认同。

_____
_____
_____
_____

（3）重写并反思秘密身份的正向面。比如，"我是一个购物狂"，改写成"我是一个聪明的消费者"。给自己一些空间去承认隐藏的身份，然后做些改变。

_____
_____
_____
_____

珍的第 27 天

珍的孩子还在生病，珍写下了她在心里默默背负的身份，"一个失职的母亲"，这是她所有罪恶感的来源。

她重写了这个部分，有了更深层的反思："我是一个尽责的母亲，我知道我的个人时间会让我成为一个更好的母亲。"

在离开工作室去确认孩子的情况前，她绘画将近一小时。她很满足，而且没有罪恶感。

第 28 步：了解快乐成瘾是一个过程

快乐成瘾是一个过程，不是一个单一事件。快乐成瘾是由一系列的步骤、选择和决定所组成的。这个过程包含各种相互关联的任务。这些任务会根据每个人的强项、技巧、兴趣、目标和其他因素而有所不同。但无论如何，觉察到这趟旅程的动态及流动本质，是你继续前进的关键要素。

具体做法

（1）花几分钟思考一下你喜爱的运动。我们以棒球为例子：想一想准备动作（例如，投手准备好要投球）、过程执行（打击者挥棒），以及后续跟进（击中球或挥棒落空）。

（2）将运动的三阶段历程和快乐成瘾的旅程做一下比较。

（3）在准备阶段，你怎么开始？在过程执行阶段你做了什么？你预期后续跟进阶段会怎样？

_____

_____

_____

（4）进行这种快速练习在你的身体里刻印那个聚焦的承诺，几周之后你将会知道自己在快乐成瘾之路上走了多远、改变了多少，并且了解到过程里的失误和挫败都是进展的一部分，不会再想着消灭它们。

珍的第 28 天

由于珍最近经历了一个小挫败,因此今天她花了 10 分钟重新检视自己的快乐成瘾旅程。

她安静地坐在工作室里,把自己努力成为一位画家的过程和一个她再熟悉不过的活动(洗衣服)进行比较。

洗衣服的准备工作是收集衣服,绘画的准备工作是准备材料;洗衣服的中间过程是启动洗衣机开始洗,绘画的中间过程是运用画笔、颜料在纸上自由挥洒;洗衣服的后续跟进是获得干净衣服,绘画的后续跟进是每天有一小时的时间享受绘画,不论成品如何。

当她完成了这个看似可笑的比较之后,她露出了微笑,再次觉得自己选择的快乐成瘾太棒了,并继续前进。

第 29 步:面对否认和羞愧

羞愧,是一种以恐惧为基础的状态,包含不舒服以及痛苦的感受,通常会伴随着"否认"的出现。通过面对羞愧和否认,我们会更信任自己、减少恐惧,有个好的转变,感觉要建立并维持快乐成瘾较有可能。

在这个阶段,面对这些负面情绪很重要,因为它们会阻碍进展。这听起来很奇怪,但你可以亲身印证一下,当你几乎要达成目标时,负面能量通常也达到最高峰。所以,良好准备可以预防负面能量的埋伏突击。

重复性受苦有三个无法分割的关键要素：否认、依赖负面成瘾和羞愧。通常这些步骤会依照以下顺序发生。首先，"我等一下只会喝一杯"，也就是否认自己会掉入恶性循环里。接着，一旦打开这扇门，负面成瘾便乘虚而入，主掌一切。最后，当负面成瘾结束后，羞愧就占据所有心思。

安东尼·德·圣-埃克苏佩里（Antoine de Saint-Exupéry）的《小王子》一书中，有个段落阐明了恶性循环的精髓。小王子质问一位酗酒者："你为什么喝酒？"酗酒者回应："为了遗忘。"小王子接着问："要遗忘什么？"酗酒者说："忘掉我的羞愧。"小王子问："你羞愧什么？"酗酒者回应："我羞愧自己喝酒。"

具体做法

（1）当你发现羞愧的感觉与追求快乐成瘾连接时，停下来！在暂停的过程中，问问自己羞愧从哪里来，羞愧存在于身体哪里，以及羞愧连接了什么。你对于自己是个工作狂而感到羞愧？觉得太胖而羞愧？觉得吃得不健康而羞愧？羞愧自己是懒惰的人？羞愧是存在于当下，还是从过去蔓延而来？

（2）接着，从你"当下"所在之处开始，在心里创造一个愿景，你想要去哪里。

（3）思考一下，你的快乐成瘾不但会正面影响你，还会给身边的人带来好处。

珍的第 29 天

珍几乎要达到目标时，突然间被过去的罪恶感吞没。

起初，她只是否认它们，试图要将这些罪恶感用轻蔑的说辞消除，"这真是可笑！一个小时算什么！他们可能很开心可以摆脱我"。

这样做却带来更多的羞愧，对于她的罪恶感，她感到愚蠢和羞愧。

她决定不要继续想下去。她停止绘画，闭上眼睛，并想象一个未来。她先想象自己停止快乐成瘾的情景，然后又想象自己坚持下去的情景。

现在，她毫无疑问地知道，她的快乐成瘾将会给整个家庭带来许多好处，她可以看见也可以感受到。

第 30 步：练习，练习，再练习

我们可以在心里练习，也可以进行实际练习，而且不论你练习多少，都和俗话说"练习造就完美"不一样，完美是个持续移动的目标。当然，你会越来越好，而且这条迈向更好的道路，会带给你极大的满足感。

在 30 天旅程的最后一天，我们邀请你替未来建造基础。现在你已经在脑袋、内心和行程里创造了很大的空间，用来实现你的快乐成瘾计划，我们建议你照顾那个空间，就像它是花园中最美丽的景点一样。如此一来，你不仅是持续练习快乐成瘾活动，也会好好照顾你的花园，确保自己保持平静，通过想象力和其他技巧提示来敞开心胸、接纳新事物，并处理潜在的沮丧和隐藏的阻碍。

反复的负面自我省思会阻碍前进，反复的、支持性的正向自我省思则会巩固收获。哪怕再小的改变，我们都应该看重并好好庆祝。

具体做法

（1）在当下，持续练习快乐成瘾。

（2）回想过去，在不同人生阶段进行快乐成瘾。

（3）想象未来，在各个人生阶段进行快乐成瘾。

（4）在心里想象其他角色。用成人的身份，用老师的身份，用祖父母的身份来练习快乐成瘾。

（5）在一本特殊的笔记本上记录任何正向改变，不管改变是大还是小，标记那些时刻。

珍的第 30 天

她很兴奋。她觉得充满活力，自由挥洒地绘画了一整个小时。

她发现过去的负面情绪消失了，比如后悔或罪恶感。现在，在这个小时的最后时刻，她感到精力充沛且平静。

她也发现，虽然距离她想象的优秀画家还有很长一段距离，但她的绘画已经进步许多。

她开心地体认到已经成功地建立快乐成瘾。每天60分钟的快乐成瘾，正向地影响了她生活里的每分每秒，她知道她会一辈子持续做这件事。

案例：乔治，你到了吗？

乔治已经准备好开始他的30天计划。他按部就班地一天进行一个步骤，并且在旅程中谨慎思考，随时调整改变。他发现每一天都比前一天更令人兴奋，到了第30天，尽管没有全然投入在他的快乐成瘾计划中，但他已经成功掌控自己的负面成瘾，成为一个较放松、较快乐的人。

展望未来

慢慢来，仔细思考。以下是两个活动：第一个活动让你在新选择里放松下来，伸展新生肌肉，迎接全新的可能性。第二个活动则让你回顾一下所有阻碍你"不去做"的借口，将这些借口带到你可以看见的表面，然后将它们放下。

练习17：像猫一样

练习目的：探索并享受伸展和放松。每天的生活压力加上即将展开一趟全新旅程，会产生更大的压力，"像猫一样"可以帮你减少压力。请注意，如果你有任何肢体上的限制无法伸展，这个活动可能不太适合你。

1. 找一个你可以独处几分钟的安静地方。
2. 安放四肢，躺在地板上，闭上眼睛。
3. 想象自己"变成一只猫"。换句话说，想象自己是一只刚睡醒的猫，像猫一样思考、感受及移动。
4. 首先向后弯曲，让你的腹部靠近地板，并将头和脖子向上伸展。
5. 接着做相反动作，高高地拱起你的背，就像万圣节受到惊吓的猫一样。
6. 缓慢地伸展你的手臂，一次一只手，随着手臂伸展，拉长你的身体。
7. 接着同样伸展你的脚，将每只脚尽可能地向后延伸。
8. 慢慢移动，你是一只猫！重复这些动作两三次。
9. 最后，像一个球一样蜷曲身体，享受全然放松的美好感受。

练习18：借口！借口！

练习目的：尽可能快速地脑力激荡你有哪些借口，不论是真实的还是想象的，然后更仔细地检视那些你不假思索脱口而出且立刻相信的借口。

注意：这一章有许多步骤，有时候你会给自己找借口停止、中断，或退出。在第7章的"练习10"中，你已经写下一些合理化借口；而以下这个活动你可以看看自己是多么有创造力。通过了解自己的许多习惯性借口是多么可笑，我们才有可能在一开始就不给自己找借口。

1. 从下面描述的情境中选一个开始脑力激荡，给自己找些借口不去做事。

2. 写下每个想到的借口。

3. 持续进行，直到你绞尽脑汁想不出来。记得，这些借口你想要多愚蠢就可以多愚蠢。不要放弃，至少写十个借口。

4. 选另一个描述情境，或者你可以自己创造一个情境，再做一次。

5. 最后，看看你写下的借口。你会发现其中有许多借口都很愚蠢。和自己约定，下次如果你发现自己正在找借口停止或拖延快乐成瘾旅程，可以做这个练习。

不和公婆共进晚餐的借口是：

_____

_____

_____

不和邻居一起过节的借口是：

朋友想出去约会一晚，不帮朋友照顾孩子的借口是：

不帮某人搬家的借口是：

不帮忙你老公/老婆打扫、煮饭，或整理家务的借口是：

不接额外的工作任务的借口是:

你可以思考一下

1. 如果你在某个步骤遇到困难,你要怎么做?翻看这一章,把相关信息牢记在心,这样才不会在遇到困难时不知所措。

2. 在这一章里,我们提到过两个比喻,"一阵旋风"和"金色阶梯",你比较喜欢哪一个?为什么?思考一下,你如何把喜欢的这个比喻运用在追求快乐成瘾的旅程中。

3. 第2步讲到"准备好的状态",这是快乐成瘾整体成功的重要因素。现在请你花几分钟时间诚实地评估一下自己的准备状态。写下具体的技巧、能力、态度、决心,以及人际关系资源,这些是你准备状态的证据,帮助你前进。

4. 第 26 步提到"信念系统"会产生事实。如果想要成功完成任务，你对自己的能力和限制有哪些信念，快速写下，越多越好。

5. 第 30 步强调"练习"的重要性。脑力激荡一下，在你的人生当中，有什么事情是必须不停练习才能够成功的。想想你在练习时做了什么，你获得了什么结果。回想一下你学习开车的过程，在学校通过考试所付出的努力，以及其他更多事情。

第 11 章

转化时间成为进步

CHAPTER ELEVEN

耐心是成就任何事的关键。孵蛋才能得到小鸡，而非砸碎蛋壳。

The key to everything is patience. You get the chichen by hatching the egg, not by smashing it.

——阿诺德·格拉斯哥（Arnold H. Glasgow）

有时候，几分钟感觉就像永无止境一般；而其他时候，时光如梭，像心跳一样转瞬即逝。你总是有选择，要么在追求快乐成瘾中感到轻快且充满能量，要么让它变得沉重且无精打采。当然，选择前者是最好的。那么，我们如何做出最佳选择？

本书列出30个步骤，帮助你达成目标，将一两种快乐成瘾融入你的生活，会让你的生活更加美好圆满。然而，你可能还是会怀疑自己是否有能力完成这些步骤，真正摆脱负面成瘾，进入快乐成瘾的生活。

当我们讨论成瘾这件事，不论是快乐成瘾还是负面成瘾，"砸碎蛋壳"有时候感觉可以更快地得到我们想要的结果。但是，感受是相对的。投注时间在好的事情上是一种美好投资，最终会收获满满。我们花一些时间，一起来检视一下必要的时间和精力投资。

到底花多少时间才能建立一种快乐成瘾，这其实并不是很重要。不论是花三五十天还是七八百天，想要成功都是要花许多时间和精力的。要发展一种快乐成瘾的唯一方法就是从第一天开始！如果你发现自己一直在往后拖延开始的"第一天"，就是在告诉自己和这个世界"时间是可以被创造出来的"。告诉自己"我没有时间"就像在说"我不想要"一样。因此，问问自己，"我真的想要做这件事吗？"如果你的答案是"是的"，那就让你自己从今天开始吧！

通过树木,就可以知道整片森林

如果快乐成瘾是森林、新地标,那么每一步、每次努力和每个策略就是一棵树,实际上,整体是大于部分的总和的,尽管每个部分都很重要(比如你的领导力也会给整个愿景带来真实意义)。让我们来看看引领我们穿越这片树林的五个基本原则。

元素一:抱持怀疑态度是好事

重要的是,深思熟虑甚至小心谨慎地带着怀疑的态度选择你的快乐成瘾,直到你找到最适合的。

你可以考虑一种交互快乐成瘾,比如一边学习新语言一边运动,彼此互补、滋养、启发。

你也可以回到第2章寻找一些新点子。

确认你选择的快乐成瘾是否合理,它是实际可行的目标吗?

元素二:瞪大眼睛看清楚

仔细且带着直觉地检视一切,觉察自己获得的内在奖赏。

你给自己的奖赏是一种"一切都在我掌控之中"的感觉。使用以下句子来体验及建立内在奖赏:

"我感受到自己更加强壮和更有主导权,当我……"
"当我认真专注地发展我的快乐成瘾时,我发现……"

"当我不在乎其他人怎么想时,我……"

元素三:掉入兔子洞

觉察到失败和退步的感觉,也就如同"和艾丽斯一起掉入一个负面未知的兔子洞"——你如果没有每天练习快乐成瘾,这就有可能发生。

一旦成功建立了你的快乐成瘾(就像任何习惯一样),就需要每天执行。一天不执行的话,就会产生昏睡、焦虑或愧疚的感觉。

避免一周里连续两天不执行,这样才不会感觉退步太大。

元素四:支撑和支架

在家人、导师、朋友中找可靠的支持力量,就算只能找到一个人,也会帮助你在面对可能造成巨大改变的混沌、漩涡时,抬头挺胸,站得更稳固。

定期向这个人报告近况。

元素五:沐浴在阳光下

如果你愿意接受"定期向这个人报告近况"的承诺,而不是老是发牢骚抱怨,就是让灿烂阳光取代阴霾下雨。你曾经认为的苦差事变得令人轻松愉悦,甚至绝妙至极。

开始时一天只需花 15 分钟启动快乐成瘾,接着可以逐渐增加至你设定的每日理想时间。

当快乐成瘾妥善建立时,你不需要多想便能轻松参与其中。你没有执行时,反而会觉得哪里怪怪的,甚至会有些不舒服。

成功人士只是那些拥有成功习惯的人!
Successful people are simply those with successful habits!

——布莱恩·巴特纳(Brian Buettner)

案例:乔治——一个赢家!

在完成30天练习后,乔治充满了信心,虽然知道还有些小路障需要面对和处理。现在,他的快乐成瘾比以前更加真实,并且他在持续前进。他花了大约6个月的时间,做到全然享受工作时间减少、运动时间增加,同时平稳、乐观地前进。他不仅发现这个快乐成瘾就是他需要的未来人生计划,而且感觉太棒了!

展望未来

这里我们想要鼓励用正念的习惯取代忙碌。你的快乐成瘾需要花一些时间和耐心来建立,最终的报酬不是一次性的奖励,而是持续、长久、广泛的美好果实。你的投资将会收获百倍。

练习 19：收集云朵

练习目的：学会享受"慢下来"及"自我沉淀"的价值，特别是面对新的项目，感受到时间的压力时。

在你开始"收集云朵"之前，读一遍以下所有指示。

1. 选一个安静的地方舒服坐着，双脚踩在地上，背和脖子放松，双手轻轻放在膝盖上。

2. 闭上眼睛，把注意力放在呼吸上。吸气，吐气，吸气，吐气……试着放慢你的呼吸。

3. 想象一下这样一个场景，有片清澈的蓝天，其中点缀着朵朵松软的白云。

4. 看一下你心中的那些云朵的形状、颜色和移动方向。如果你的思绪从蓝天白云中飘走了，把你的心思轻柔地带回来。

5. 选一朵云，想象你飘浮在上面，想象你坐在云上，想象云朵围绕着你。你感觉如何？

6. 停留在云朵中不要超过两分钟，然后慢慢地落回到地面，在你的心里继续感受轻柔的云朵移动。

练习 20：分解

练习目的：聚焦于一种可能性，把较大的活动"分解"成较小、容易操作的小元素。

一般来说，我们想到要开始新的冒险就会感到恐惧，就连跨出第一步都感觉似乎不可能。当你做以下的练习时，把它看作你为自己想要的快乐成瘾所做的一个比喻。

1. 脑力激荡任何跟你的快乐成瘾有关的字句或词语。在 1 分钟之内完成。尽可能用较长的词语。快速写下它们。比如：

吃得健康：

消化、营养、健康、减肥、营养支持、食物构成、能量、持久性

你的快乐成瘾：_____

_____

_____

_____

_____

2. 看一下你写的清单，选一个较长的词语。比如，你可以选择"营养支持（sustenance）"这个词。

3. 把这个词语写下来，开始分解这个词，重新拼凑字母，尽可能拼凑很多小小的元素（字词）。比如：

营养支持 (sustenance) = 十 (ten)、姿态 (stance)、网 (net)、太阳 (sun)、可以 (can)、拐杖 (cane)、古铜色 (tan)

你的词语：_____

_____

_____

_____

_____

4.检视一下你"分解"的字词。每个字词都有自己的独特意义，每个字词都是更大整体的一部分。把这个概念运用于追求你的快乐成瘾，或是治疗你的负面成瘾上。

你可以思考一下

1. 为什么你对特定情境或刺激会有某些特定反应?完成以下未完成句子的填空,把心里浮现的第一个字句写下。

"我没有时间_____"

思考一下,你为何会如此反应的所有可能原因,并且找方法消除这些原因。

为什么?_____
_____
_____
_____
_____

比如:我没有时间休息。

为什么?因为工作超过负荷,因为我老婆的要求,因为我个人的优先级,等等。

消除方法:为"工作超过负荷"写一份清单,哪些特定工作项目属于"超过负荷"的,然后系统化地"删除它们"或"选择不去理会它们"。

2. "内在奖赏"对你来说是什么意思?在5分钟内尽可能多地写下你的内在奖赏。

内在奖赏_____
_____
_____

_____

_____

_____

3.回想过去,有时候你会把事情搁置,因为"时机不对"。请将时机不对和能增进你整体幸福感的元素,比如自我价值感、健康的人际关系、身体健康、专业或事业成就做比较,什么时候才是对的时机呢?

4.当朝着快乐成瘾迈进时,你认为"一次一小步"有什么好处?

5.回想那个金色阶梯,在最上面有一片平坦的土地,对你而言是什么意义?

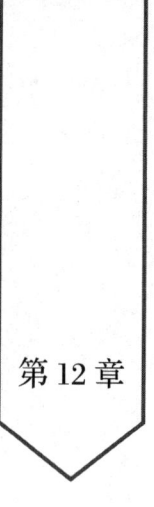

第 12 章

结束，也是开始

CHAPTER TWELVE

直到梦想被实现之前,一切看似都不可能。

It always seems impossible until it's done.

——纳尔逊·曼德拉(Nelson Mandela)

这本书已经接近尾声，你很可能已经开始追求你的快乐成瘾，或是已经很好地进行着，甚至你可能已经完成30天的练习了。不论你现在走到哪一步，都要大大地恭喜你。你可以为自己感到骄傲。你通过自己的"心眼"看见，并真切地知道，真正重要的是在付出这些努力之后，你成为一个更好的人。

你成为一个更好的人，太好了！

生活里的许多压力并不是因为忙到"没有时间做"或是"有太多事情要做"，而是因为我们没有很好地把事情贯彻始终。你知道这一点，并且已经准备好了。

事实上，生活里有很多事情我们没有完成。有很多未完成的小事，比如家务琐事；也有些未完成的大事，比如没拿到学位，婚姻走不下去，或是没考上驾照。未完成的事情无论大小，总会给我们一种不够好、有缺陷、失败、散漫不专注的暗示，最终带给我们不快乐的感觉。当然，贯彻执行每一个动机、念头，是既不可能也不适当的，然而人生中总会有些确切的事情是值得我们挥泪播种然后欢呼收割的。追求快乐成瘾就是其中一件。

合上这本书，想想如何开展人生的下一段旅程，想象一下未来的自己正在写些话给自己。以下是一个范例,这是你写给自己的信,你在这里所说的字字句句将会真实打动你自己,强化你正在做的正向投资。

亲爱的＿＿＿＿＿＿＿＿：

　　感谢老天,你开始去做＿＿＿＿＿＿＿＿＿＿＿＿＿＿＿
＿＿＿＿＿＿＿＿＿＿＿＿＿＿＿＿＿＿＿＿＿＿＿＿＿＿＿
＿＿＿＿＿＿＿＿＿＿＿＿＿＿＿＿＿＿＿＿＿＿＿＿＿＿＿
＿＿＿＿＿＿＿＿＿＿＿＿＿＿＿＿＿＿＿＿＿＿＿＿＿＿＿

　　如果你还没有,我将＿＿＿＿＿＿＿＿＿＿＿＿＿＿＿＿
＿＿＿＿＿＿＿＿＿＿＿＿＿＿＿＿＿＿＿＿＿＿＿＿＿＿＿
＿＿＿＿＿＿＿＿＿＿＿＿＿＿＿＿＿＿＿＿＿＿＿＿＿＿＿
＿＿＿＿＿＿＿＿＿＿＿＿＿＿＿＿＿＿＿＿＿＿＿＿＿＿＿
＿＿＿＿＿＿＿＿＿＿＿＿＿＿＿＿＿＿＿＿＿＿＿＿＿＿＿

　　但是我现在很高兴地说,我＿＿＿＿＿＿＿＿＿＿＿＿＿
＿＿＿＿＿＿＿＿＿＿＿＿＿＿＿＿＿＿＿＿＿＿＿＿＿＿＿
＿＿＿＿＿＿＿＿＿＿＿＿＿＿＿＿＿＿＿＿＿＿＿＿＿＿＿
＿＿＿＿＿＿＿＿＿＿＿＿＿＿＿＿＿＿＿＿＿＿＿＿＿＿＿
＿＿＿＿＿＿＿＿＿＿＿＿＿＿＿＿＿＿＿＿＿＿＿＿＿＿＿

带着全然的感激

未来的我

最后请记得，一开始时踏出第一步尽管很重要，但它本身是没有意义的，你必须履行承诺并且坚持到底。

结束，就是美好生活的开始

此时此刻，在本书的结尾，你会带着全新的愿景展开美好的人生，或者已经对你理想中的美好人生有了全新观点。

练习21：巧克力，太好了！

练习目标：借由可视化想象在你的目标上涂上"巧克力糖衣"来享受完成目标的快乐（如果你不喜欢巧克力——我曾经遇到过一个不喜欢巧克力的人——就改用焦糖、香草或其他令人心情愉快的东西）。

1. 让自己轻松地坐着，闭上眼睛，做个深呼吸。

2. 思考一下某件跟你的快乐成瘾有关，会让你很快乐的事情。可能跟身体有关，比如"更健康的自己"，或是跟心理有关，比如"感觉充满力量"，无论你想到什么，都给它加上一种美好感受。

3. 聚焦于这种"相关的美好感受"片刻。微笑。想一下这种美好感觉，想象它有形状，有颜色。比如"更健康的自己"＝一个薰衣草色的菱形。

4. 发挥你的创造力，把这种美好感觉浸入巧克力熔浆中。看它完全被香醇浓郁的巧克力包裹着。闻一下巧克力芬芳。好好地看着被巧克力包裹着的美好感觉，如果你想要的话，咬一口，把它放进你的内心深处。

5. 把这个活动连接到你的快乐成瘾旅程。想象你已经成功的美好感觉，"用巧克力把这些感觉包裹起来"。这个简单的可视化想象，可以帮助你把目标达成的美好感觉牢记在心，尤其是在你心情低落或是意志消沉的时候。

练习 22：生生不息，永续经营

练习目标：画出你的快乐成瘾旅程。

1. 准备一张白纸和铅笔。

2. 想一想你的快乐成瘾旅程，无论你现在走到哪里。

3. 随意地从一个位置上起笔，画一条线。这条线在纸上四处游走，可以是一条曲曲折折的线条；或是一条弧度优美的曲线。在你画这条线的同时，继续想象你的快乐成瘾旅程。它是滑顺优美的，还是一圈圈的圆弧形，还是尖锐、愤怒、上下起伏的？它很可能会在旅程中的不同时间有不同呈现。简单地画出你现在眼中所见、心中所感受的就好。

4. 直到你"结束"这趟旅程，或是已经到达想去的理想地方，才能把笔拿开。

5. 检视你的图画。它看起来是否像你的旅程？它是否开始时是一种线条，而结束时又是另一种线条？记住，没有所谓的对与错。好好享受这个活动。它是你个人旅程的简单地图（有人真的把这张图画装裱起来，创造了一件很有趣的艺术品，可以指出每个高峰、低谷，在旅程中所踏出的每一个美丽、艰困、变化无穷的步伐）。

你可以思考一下

1. "从你的'心眼'去看这世界",这句话的意思是什么,特别是提到你与自己的快乐成瘾旅程这件事的时候。

2. 回想一下你快乐成瘾旅程中的美好时刻。在清单上把它们写下来,让它们跟你说话,鼓励你。

3. 思考一下,如果你朋友或家人也想要展开类似的旅程,你会给他们什么建议?

4. 在继续人生旅途时,你是否可以找到方法保存你从书中获得的所有建议、洞见、观点,保留你在快乐成瘾中获得的感受,以及你回答的对你有帮助的那些问题?

5. 现在，你会带着自己的快乐成瘾往哪里去？或许你会到达一个"更高层次"，花更多时间继续精进。或许你会找一个互补活动同步发展。或许你会邀请某个人加入你的行列，跟你一起踏上快乐成瘾之路。又或许你会在家里腾出一个空间，专心做你的快乐成瘾活动。花时间思考一下，好好规划光明灿烂的美好未来。

参考文献

我们希望参考文献部分,能够让读者了解为我们的研究提供信息的文献数量,以及我们研究信息来源的多样性。

ACS. (n.d.). *How can society influence health?* ACS distance education. Retrieved from: <http://wwwacs.edu.au/info/natural-health/mental/social-influences.aspx>

Allen, J. (2010). *As a man thinketh*. Princeton Cambridge Publishing Group. Retrieved from: <http://wwwselfgrowth.com/bonuses/AsAManThinketh-ExclusiveSelfGrowth- LicensedEdition.pdf>

Allen, J. (2015). *Five questions with Timothy Caulfield*. The Social. Retrieved on September 1, 2015 from: <http://www.thesocial.ca/thejesshles/five-questions-with-timothy-caulfield>

American Psychiatric Association. (2013). *Diagnostic and Statistical Manual of Mental Disorders (DSM-5)*. Text revision, Edition 5.

Anderson, D. (2011). Can people really be addicted to food and eating? SparkPeople. Retrieved from: <http://wwwsparkpeople.com/blog/blog.asp?post=can_people_really_be_addicted_to_food>

Ashe, A. (n.d.). Start where you are. Use what you have. Do what you can. BrainyQuote. Retrieved from: <http://www.brainyquote.com/quotes/quotes/a/arthurashe371527.html>

Berne, E. (1961). *Transactional analysis in psychotherapy*. New York, NY: Three Grove Press Inc. Retrieved from: <http://www.ericberne.com/transactional-analysis-in-psychotherapy/>

Bielski, Z. (2015, July 15). Spilling her guts about booze blackouts. The Globe And Mail, p.L5.

Bitti, M.T. (2015, July 14). Trading tobacco crops for food fads. The Financial Post, p. FPII.

Bonhoeffer, D. (n.d.). Action springs not from thought, but from a readiness for responsibility. *GoodReads*. Retrieved from: <http://www.goodreads.com/quotes/264401-action-springs-not-from-thought-but-from-a-readiness-for>

Brackhan, S. (2008). Drop everything now. Nourishing souls. Retrieved from: <www. nourishingsouls.com/drop-everything-now/>

Brandi. (2013). How celebrities influence your health. Care2 Healthy Living. Retrieved from: < http://www.care2.com/greenliving/how-celebrities-influence-our-health.html>

Branden, N. (1988). *How to raise your self-esteem*. Bantam.

Branscombe, M. (2013). Are you addicted to exercise? Women's Health & Fitness. Retrieved from: <http://www.womenshealthandfitness.com.au/fitness/workouts/409-are-you-addicted-to-exercise>

Brookshire, B. (2013). Dopamine is : Is it love? Gambling? Reward? Addiction? *Slate.com*. Retrieved from: <http://www.slate.com/articles/health_and_science/science/2013/07/what_is_dopamine_love_lust_sex_addiction_gambling_motivation_reward.html>

Brown, S.A., Huber, D, & Bergman, A. (2006). A perceived benefits and barriers scale for strenuous physical activity in college students. *Am J Health Promot 2(137)*.

Bruyere, J. (n.d.). The sweetest of all sounds is that of the voice of the woman we love. BrainyQuote. Retrieved from: <www.brainyquote.com/

quotes/authors/j/jean_de_la_bruyere.html>

Buettner, B. (n.d.). A long healthy life is no accident - it begins with good genes, but it also depends on good habits. InspirationalQuoteslmage. Retrieved from: <www.inspirationalquotesimage.com/i-need-inspirational-quotes/inspirational-school-quotes-by-dan-buettner-a-long/>

Burkeman, O. (2009). This column will change your life: How long does it really take to change a habit? *The Guardian*. Retrieved from: <https://www.theguardian.com/life-andstyle/2009/oct/10/change-your-life-habit-28-day-rule>

Bush, B. (n.d.). When you come to a roadblock, take a detour. BrainyQuote. Retrieved from: <http://www.brainyquote.com/quotes/quotes/b/barbarabuS119099.html>

Campbell, S. (2014). Positive addiction: making something bad, good. LinkedIn Pulse. Retrieved from: <https://www.linkedin.com/pulse/20140814032400-87867145-positive-addiction- making-something-bad-good>

Carter, S. (2015). Q&A: Timothy Caulfield on debunking Gwyneth Paltrow.*Quill & Quire*. Retrieved from: <http://www.quillandquire.com/preview/2015/01/27/qa-timothy-caulfield-on-debunking-gwyneth-paltrow/>

Cartner-Morley, J. (2010). The rise of older models. *The Guardian News*. Retrieved from: < https://www.theguardian.com/lifeandstyle/2010/jul/13/rise-of-older-models>

Caulfield, T (2015). *Is Gwyneth Paltrow wrong about everything? When celebrity culture and science clash*. Penguin Canada.

Chand, N. (2013). Can holistic strategies prevent addiction? A personal perspective for non-scientists. CIGNA Health. Retrieved from: <http://www.cigna.com/assets/docs/behavioral-health-series/substance-abuse/2013/holistic-strategies-for-addiction-handout.pdf>

Charisma, D. (2015). If you don't have the capacity to change yourself and your attitudes, then nothing around you can be changed. The Koran. Retrieved from: <https://doncharisma.org/2015/01/29/if-you-don0/oC2%92t-have-the-capacity-to-change-yourself-and-your-attitudes-then-nothing-

around-you-can-be-changed/>

Clarke, L H. (2002). Older women's perceptions of ideal body weights: The tensions between health and appearance motivations for weight loss. *Ageing & Society 22(751).*

Clear, J. (n.d.). How long does it actually take to form a new habit? (Backed by Science). Retrieved from: <http://jamesclear.com/new-habit>

Clear, J. (n.d.). How to break a bad habit (and replace it with a good one). Retrieved from: <http://jamesclear.com/how-to-break-a-bad-habit>

Confucius. (1979). *The analects.* Penguin Classics.

Coolidge, C. (n.d.). Nothing in this world can take the place of persistence. Talent will not... The Golden Mean. Retrieved from: <http://agymlife.com/quotes/nothing-world-can-take-place-persistence-talent-will-nothing-common-unsuccessful-men-talent-genius-will-unrewarded-genius-almost-proverb-education-wi/>

Costandi, M. (2016). *Neuroplasticity.* Cambridge, MA: The MIT Press.

Cummings, T. (n.d.). Breaking bad habits in 28 days. *Lifehack.* Retrieved from: <http://www.lifehack.org/articles/lifestyle/breaking-bad-habits-in- 28-days.html>

Davidow, B. (2012). Exploiting the neuroscience of internet addiction. *The Atlantic.* Retrieved from: <http://www.theatlantic.com/health/archive/2012/07/exploiting-the-neuroscience-of-internet-addiction/259820/>

Diaz, C. (2015). *The body book: The law of hunger, the science of strength, and other wags to love your amazing body.* Harper Collins.

Drug Abuse. (n.d.). Robert Downey Jr's incredible comeback from addiction. Drug Abuse. Retrieved from: <http://drugabuse.com/robert-downey-jr-s-incredible-come_back-from-addiction/>

Dubuc, B. (2002-2017). *The brain from top to bottom: An interactive website about the human brain and behavior.* (A. Daigen, Trans.). <http://thebrain.mcgill.ca>

Edberg, H. (2010). How to really get started with making a positive Change in your life. The Positivity Blog. Retrieved from: <http://www.positivityblog.com/index.php/2010/04/06/how-to-really-get-started-with-

making-a-positive-change-in-your-life/>

Editorial: Celebrities: Good influence or not? (2012). Aberzinji Word Press. Retrieved from: <https://aberzinji.wordpress.com/2012/11/22/editorial-celebrities-good-influence-or-not/>

Eliot, G. (n.d.). It's never too late to be what you might have been. Quote Investigator. Retrieved from: <http://quoteinvestigator.com/2013/11/24/never-too-late/>

Emmons, N. (n.d.). 7 Steps to develop an exercise habit in 30 days. Makeorbreakhabits. Retrieved from: <http://make-or-break-habits.com/7-steps-to-make-or-break-habits/>

Essays, IJK. (2013). From crisis to positive transition in a midlife crisis. UK Essays Publications. Retrieved from: <https://www.ukessays.com/essays/sociology/midlife-crisis-from-crisis-to- positive-transition-sociology-essay.php>

Essays, I-JK. (2013). How celebrity culture affects society cultural studies essay. UK Essays Publications. Retrieved from: <https://www.ukessays.com/essays/cultural-studies/how-celebrity-culture-affects-society-cultural-studies-essay.php>

Everyday Health. (2011). The secrets of recovering celebrity addicts. Everyday Health Media. Retrieved from: <http://www.everydayhealth.com/addiction-pictures/0302/celebrities-who-beat-addiction.aspx>

Fairburn, C.G., Welch, S.L., Doll, H.A., Davies, B.A., & O'Connor, M.E. (1997). Risk factors for bulimia nervosa: A community-based case-control study. *Archives of General Psychiatry, 54*:509-517

Fitday Editor. (n.d.). The role of endorphins in exercise addiction. Fitday. Retrieved from: <http://www.fitday.com/fitness-articles/fitness/exercises/the-role-of-endorphins-in-exercise-addiction.html>

Fitness. (2009). Is there such a thing as a running addiction? Popsugar. Retrieved from: <http://www.popsugar.com/fitness/Signs-Running-Addiction-3241563>

Fletcher, P. (n.d.). There is nothing between us but raw emotion, and it's painful yet has the sweet sting of addiction. Good Reads. Retrieved from:

<http://www.goodreads.com/quotes/422168-there-is-nothing-between-us-but-raw-emotion-and-it-s>

Ford, H. (n.d.). Whether you think you can, or think you can't—you're right. GoodReads. Retrieved from: <https://www.goodreads.com/author/quotes/203714.Henry_Ford>

Fox, K. (1997). Mirror, mirror - A summary of research findings on body image. Social Issues Resource Center. Retrieved from: <http://www.sirc.org/publik/mirror.html>

Frankl, V.E. (2006). *Man's search for meaning*. Beacon Press.

Frost, R. (n.d.). The best way out is always through. BrainyQuote. Retrieved from: <http://www.brainyquote.com/quotes/quotes/r/robertfros101249.html>

Gallagher, S. (n.d.). Positive addictions and choice. Habitmaster. Retrieved from: <http://www.habitmaster.com/ebook-excerpts/positive-addictions-and-choice/>

Gartrell, D. (2013). Readiness: Not a state of knowledge, but a state of mind. National Association for the Education of Young Children (NAEYC). Retrieved from: <https:// families.naeyc.org/learning-and-development/music-math-more/readiness-not-state-knowledge-state-mind>

Gilovich, T, Griffin, D., and Kahneman, D., Ed. (2002). *Heuristics and biases: The psychology of intuitive judgment*. Cambridge: Cambridge University Press.

Glasgow, H.A. (n.d.). The key to everything is patience. You get the chicken by hatching the egg, not by smashing it. BrainyQuote. Retrieved from: <http://www.brainyquote.com/quotes/quotes/a/arnoldhg1125821.html>

Glasser, W. (1976). *Positive addiction*. New York: HarperCollins Publishers.

Glynn, D. (n.d.). *The addicted brain*. University of Cambridge Neuroscience. Retrieved from: <http://www.neuroscience.cam.ac.uk/research/cameos/AddictedBrain.php>

Goetzke, K. (2010). Is there such a thing as positive addiction? Dr. Glasser thinks so, but do you? Psych Central. Retrieved from: <http://blogs.

psychcentral.com/adhd/2010/06/is-there-such-a-thing-as-positive-addiction-dr-glasser-thinks-so-but-do-you/>

Goldman, B, (2012). Neuroscience of need: Understanding the addicted mind. Stanford Medicine. Retrieved from: <http://sm.stanford.edu/archive/stanmed/2012spring/artical5.html>

Green, T. (2015).10 Hottest health food trends for 2015. The Food Network. Retrieved from: <http://www.foodnetwork.ca/healthy-eating/photos/10-hottest-health-food-trends-for-2015/#!b923d8f065b78512ad49ca21c18c047d>

Hamilton, J. (2015). Why is yoga so popular? Oxygen Yoga & Fitness. Retrieved from: <http://oxygentraining.ca/blog/why-is-yoga-so-popular/>

Harvard University. (2009). The addicted brain. Harvard Health Publications. Retrieved from: <http://www.health.harvard.edu/mind-and-mood/the_addicted_brain>

HealthyAlberta. (n.d.). Healthy U: Getting ready for positive changes. HealthyAlberta.com. Retrieved from: <http://www.healthyalberta.com/1528.htm>

Helpguide. (n.d.). Understanding addiction: How addiction hijacks the brain. Helpguide.org. Retrieved from: <http://www.helpguide.org/harvard/how-addiction-hijacks-the-brain.htm>

Hereford, Z. (n.d.). Develop good habits in 7 simple steps. Essential Life Skills. Retrieved from: <http://www.essentiallifeskills.net/develop-good-habits.html>

Hill, N. (n.d.). The starting point of all achievement is desire. BrainyQuote. Retrieved from: <http://www.brainyquote.com/quotes/quotes/n/napoleonhi152843.html>

Hirschman, D. (2015). Your brain on drugs: Dopamine and addiction. The Big Think Inc. Retrieved from: <http://bigthink.com/going-mental/your-brain-on-drugs-dopamine-and-addiction>

Hoffman, J.S. (2015), Biological, psychological and social processes that explain celebrities' influence on patients' health-related behaviors. *Archives of Public Health, 73(3)*. Retrieved from: <https://www.ncbi.nlm.nih.gov/pmc/articles/PMC4429495/>

Iowa State University. (2015). It's not what you do, but how you get yourself to exercise that matters, study finds. ScienceDaily. Retrieved from: <www.sciencedaily.com/releases/2015/07/150709093309.htm>

Ivey et al. (1997). Enhancing motivation for change in substance abuse treatment.SAMHSA Treatment Improvement Protocols. Retrieved from: <https://www.ncbi.nlm.nih.gov/books/NBK64972/>

Jackson, Ahmad, & Heapy, in *Psychological self help* (2007). The Self Help Foundation. Retrieved from: <http://www.psychologicalselfhelp.org/Chapter4/chap4_1.html>

Jackson, H.B. (2000). *The complete life's little instruction book*. Thomas Nelson.

Jami, C. (2012). Venus in arms. Good Reads. Retrieved from: <http://www.goodreads.corn/book/show/13422247-venus-in-arms/>

Katehakis, A. (2011). Sex and love addiction: What's the difference? *Psychology Today*. Retrieved from: <www.psychologytoday.com/blog/sex-lies-trauma/201106>

Kay, K. (2012). Elderly struck by 'epidemic' of body image and eating disorders. *The Guardian*. Retrieved from: <https://www.theguardian.com/society/2012/iun/10/body-image-elderly-hidden-illness>

Kelly, K. (n.d.). Positive addiction strengthens us - or does it? Massage Marketing Solutions. Retrieved from: <http://www.massage-marketing-solutions.com/positive-addiction.html>

Kim, A. (2014). The rise of male cosmetic surgery. Advance Beauty Cosmetic. Retrieved from: <http://www.advancecosmetic.com/eng/rise-male-cosmetic-surgery/>

Koob, G. F. & Simon, E. J. (2009). The neurobiology of addiction: Where we have been and where we are going. *J Drug Issues, 39(1)*: 115-132. Retrieved from: <https://www.ncbi.nlm.nih.gov/pmc/articles/PMC2901107/>

Kravitz, L. (2010). Exercise motivation: What starts and keeps people exercising? Idea Health & Fitness Association. Retrieved from: <http://www.ideafit.com/htness-library/what-motivates-people-to-exercise>

Kuran, T., and Sunstein, C. (1999). Availability cascades and risk regulation. *Stanford Law Review, 51(4)*.

Lally, P. et al. (2010). How are habits formed: modeling habit formation in the real world. *The European Journal of Social Psychology 40*:998-1009.

Laporte, D. (2012). Are you positively addicted? Positively positive. Retrieved from: <http://www.positivelypositive.com/2012/09/27/are-you-positively-addicted/>

LifeDev. (2008).11 Steps to becoming addicted to running. Lifedev.com. Retrieved from. <http://lifedev.net/2008/03/11-steps-to-becoming-addicted-to-running/>

Lipson, A., & Perkins, D. N. (1990). *Block: Getting out of your own way: The new psychology of counterintentional behavior in everyday life.* Lyle Stuart Publishing.

Loney, S. (2015). Is Gwyneth Paltrow making you Sick? Chatelaine Health. Retrieved from: <http://www.chatelaine.com/health/is-gwyneth-paltrow-making-you-sick/>

Mandela, N. (n.d.). It always seems impossible until it's done. BrainyQuote. Retrieved from: <http://www.brainyquote.com/quotes/quotes/n/nelsonmand378967.html>

March, B. (2013). Juicing: The super healthy, super easy diet trend. *Cosmopolitan*. Retrieved from: <http://www.cosmopolitan.co.uk/body/diet-nutrition/a21277/raw-juicing-celebrity-diet-trend/>

Markman, A. B. (2008). Bad habits and your world. Dr. Phil Health. Retrieved from: <http://www.drphil.com/advice/bad-habits-and-your-world/>

Martial, V. M. (n.d.). He who is not in readiness today, will be less prepared tomorrow.PictureQuotes. Retrieved from: <http://wwwpicturequotes.com/he-who-is-not-in-readiness-today-will-be-less-prepared-tomorrow-quote-85492>

Martin, E.J. (n.d.). Addiction and choice: The negative and the positive. CIFT Counseling. Retrieved from: <http://ciftcounseling.com/blog/addiction-and-choice-the-negative-and-the-positive>

Maslow, A. (1993). *The farther reaches of human nature.* New York: Arkana.

McIntosh, J. (2015). How do celebrities influence public health decisions? Medical News Today. Retrieved from: <http://www.medicalnewstoday.com/articles/298404.php>

McGaughey, S. (2007). Rhodes probes causal mechanisms of voluntary behaviors. Beckman Institute. Retrieved from: <https://beckman.illinois.edu/news/2007/03/032807>

Mercer, M.L. (n.d). What motivates people to exercise. Love to Know. Retrieved from: <http://exercise.lovetoknow.com/What_Motivates_People_to_Exercise>

Middleton, J. (2013).6 celebrity fitness and diet trends. Canadian Living. Retrieved from: <http://www.canadianliving.com/health/nutrition/article/6-celebrity-fitness-and-diet-trends>

Miller et al. (1985). Enhancing motivation for change in substance abuse treatment. Dianne Publishing co. Retrieved from: <https://books.google.ca/books?id=L1Y7w_cwBwlC&pg=PA3&lpg=PA3&dq=Motivation+pervades+all+activities,+operating+in+multiple+contexts+and+at+all+times.+-Consequently+it+is+accessible+and+can+be+modified+or+enhanced+at+many+points+in+the+change+process.&source=bl&ots=qoPLgfROye&sig=B-erzXUCcmTzL3mOkKazt_BBKsQ&hl=en&sa=X&ved=oahUKEwiNzoGlqqTQAhX-qwlQKHV6aCAcQ6AElHDAA#v=onepage&q=Motivation%20pervades%20all%20activities%20C%20operating%20in%20multiple%20contexts%20and%20at%20all %20times.%20Consequently%20it%20is%20accessible%20and%20can%20be%20modified%20or%20enhanced%20at%20many%20points%20in%20the%20change%20process.&f=false>

Miller, J. (2012). Positive addiction and when life gives you lemons say thanks. Limitless365. Retrieved from: <http://limitless365.com/2012/10/03/positive-addiction-when-life-gives-you-lemons-say-thanks/>

Miller, W.R., & Rollnick, S. (1991). *Motivational interviewing: Preparing people to change addictive behaviour.* New York: Guilford Press.

Mohan, P. (2012). Why yoga has become so popular in America, why India is still not there. India Redefined. Retrieved from: <https://indiaredefined.wordpress.com/2012/08/27/why-yoga-has-become-so-

popular-in-america-why-india-is-still-not-there/>

Morris, B. (2006). The new rules. *Fortune Magazine Online*. Retrieved from: <http://archive.fortune.com/magazines/fortune/fortune_archive/2006/07/24/8381625/index.htm>

MSF31. (2011). Unexpected social pressures in males. Gender, Sexuality, & Women's Studies Program. Retrieved from: <http://www.wstudies.pitt.edu/blogs/msf31/unexpected-social-pressures-males>

Muhammed, A. (2011). Muhammed Ali: The greatest monument to the great one. MediaWorksTV. Retrieved from: <www.newshub.co.nz/sport/muhammad-ali-the-greatest-monument-to-the-great-one-2011033110>

Naskar, A. (2015). *A brief history of consciousness*. CreateSpace Independent Publisher.

National Academy Press. (1996). Pathways of addiction: Opportunities in drug abuse research. Committee on Opportunities in Drug Abuse Research. Retrieved from: <https://www.nap.edu/read/5297/chapter/5>

National Institute on Drug Abuse. (2007). The neurobiology of drug addiction. National Institute on Drug Abuse. Retrieved from: <https://www.drugabuse.gov/publications/teaching-packets/neurobiology-drug-addiction>

Nietzsche, F. (n.d.). We should consider every day lost on which we have not danced at least once. BrainyQuote. Retrieved from: <http://www.brainyquote.com/quotes/quotes/f/friedrichn138561.html>

Nutt, D, & McLellan, A.T. (2014). Can neuroscience improve addiction treatment and policies? *Public Health Reviews, 35(2)*. Retrieved from: <http://citeseerx.ist.psu.edu/viewdoc/download;jsessionid=9C0A625097F2157618E304E96D3E47E4?-doi=10.1.1.682.3817&rep=rep1&type=pdf>

Nutt, J.D. et al. (2015). The dopamine theory of addiction: 40 years of highs and lows. *Nature Reviews Neuroscience, 16(5)*. Retrieved 2015 from: <https://www.ncbi.nlm.nih.gov/pubmed/25873042>

Ogunlaru, R. (n.d.). In life one has a choice to take one of two paths: to wait for some special day or to celebrate each special day. GoodReads. Retrieved from: <http://www goodreads.com/quotes/612369-in-life-one-has-a-choice-to-take-one-of>

Orbach, S. (2006). Fat is a feminist issue. Goodreads. Retrieved from: <http://www.goodreads.com/book/show/468872.Fat_Is_a_Feminist_Issue>

Ozawa-Kirk, J. (2011). Changing addictive thinking with positive psychology. RedThread Utah. Retrieved from: <http://redthread.utah.edu/changing-addictive-thinking-with-positive-psychology/6738>

Patel, N. (2015). Your Secret mental weapon: Don't let the perfect be the enemy of the good. Entrepreneur.com. Retrieved 2015 from: <https://www.entrepreneur.com/article/249676>

Paterson, K. (2014).*3-minute motivators*. Pembroke Publishers.

Pavlina, S. (2005).30 Days to success. Steve Pavlina Blog. Retrieved from: <http://www.stevepavlina.com/blog/2005/04/30-days-to-success/>

Peale, V.N. (n.d.). Change your thoughts and you change your world. BrainyQuote. Retrieved from: <http://www.brainyquote.com/quotes/quotes/n/normanvinc130593.html>

Peele, S. (1975). *Love and addiction*. The New American Library.

Pennebaker, H. (2015). Top 9 fitness trends for 2015: What top fitness fads will the new year flaunt? WCPO Cincinnati. Retrieved from: <http://www.wcpo.com/news/health/healthy-living/top-9-2015-fitness-trends-what-top-fitness-fads-will-the-new-year-flaunt>

Platt et al. (2010). Advances in the neuroscience of addiction 2nd edition. *Frontiers in Neuroscience*. Retrieved from: <https://www.ncbi.nlm.nih.gov/books/NBK53356/>

Plymire, C. D. (2004). Positive addiction: Running and human potential in the 1970s. *Journal of Sport History 31(3)*: 303.

Poise. (2015). Positive addictions. Poise Brands. Retrieved from: <http://www.poisebrands.co.za/positive-addictions/>

Positive Change Today. (2014). Don't let perfection stand in the way of progress. Positive Change Today Blog. Retrieved from: <https://positivechangetoday.com/2014/09/17/dont-let-perfection-stand-in-the-way-of-progress/>

Positive Change Today. (2014). Drop three bad habits for 30 days. Positive Change Today Blog. Retrieved from: <https://positivechangetoday.

wordpress.com/2014/09/18/drop-3-bad-habits-for-30-days/>

Pressley, J. (2010). The Positive and Negative Effects of Addictions. Ezine Articles. Retrieved on November 5, 2015 from: <http://ezinearticles.com/?The-Positive-and-Negative-Effects-of-Addictions&id=3844619>

Randall, L (n.d.). Understanding how thoughts work, how connections are made, how the memory works, how we process information, how information is stored. BrainyQuote. Retrieved from: <http://www.brainyquote.com/quotes/quotes/l/lisaranda1608795.html>

Ray, J. (n.d.). Beauty is power. A smile is its sword. BrainyQuote. Retrieved from: <http://www.brainyquote.com/quotes/quotes/j/johnray119945.html>

Robbins, T. (2014). Tony Robbins: 6 basic needs that make us tick. *Entrepreneur*. Retrieved from: <https://www.entrepreneur.com/article/240441>

Rohn, J. (1993). *The treasury of quotes*. Jim Rohn Intl..

Roosevelt, T. (n.d.). Believe you can and you are half way there. BrainyQuote. Retrieved from: <http://www.brainyquote.com/quotes/quotes/t/theodorer0380703html>

Rubino, C. (2013). Concavities, negative parts, and the perception that shapes are complete. *Arvo Journal Of Vision*. Retrieved from: <http://jov.arvojournals.org/article.aspx?articleid=2193794>

Sachar, L. (n.d.). It is better to take many small steps in the right direction, than to make a giant leap forward, only to stumble backward. Goodreads. Retrieved from: <http://www.goodreads.com/quotes/40904-it-is-better-to-take-many-small-steps-in-the>

Sachgau, O. (2015). Why this neuroscientist thinks addiction is not a disease. *The Globe and Mail*. Retrieved from: <http://www.theglobeandmail.com/life/health-and-fitness/health/neuroscientist-marc-lewis-on-why-he-thinks-addiction-is-not-a-disease/article25415294/>

Saint-Exupery, A. (1943). *The little prince*. New York: Harcourt, Brace & World.

Salisbury, D. (2012). Dopamine impacts your willingness to

work. Vanderbuilt University. Retrieved from: <https://news.vanderbilt.edu/2012/05/01/dOpamine-impacts-your-willingness-to-work/>

Sampathkumar, G. (2014). Celebrities' influence on public health. Science & Policy Exchange. Retrieved from: <http://www.sp-exchange.ca/2014/05/06/celebrities-influence-on-public-health/>

Santayana, G. (n.d.). Somebody comes up with a good idea and somebody else is sure to over extend it. BrainyQuote. Retrieved from: <http://www.brainyquote.com/quotes/authors/g/george_santayana.html>

Scott, E. (2014). Cognitive distortions and Stress: How cognitive distortions can fuel your stress. About Inc. Retrieved from: <https://www.verywell.com/cognitive-distortions-and-stress-3144921>

Scott, E. (2015). The differences between optimists and pessimists. About Inc. Retrieved from: <https://www.verywell.com/how-to-instill-optimism-in-your-child-3144842>

Scott, J.C. (n.d.). A fit, healthy body - that is the best fashion statement. GoodReads. Retrieved from: <http://www.goodreads.com/quotes/290462-a-fit-healthy-body-that-is-the-best-fashion-statement>

Seligman, M. (2006). *Learned optimism: How to change your mind and your life*. Knopf Doubleday Publishing Group.

Shah, P. (2012). Toward a neurobiology of unrealistic optimism. *Front Psychol 3(1)*.

Siddiqui, l. (2005). Dopamine and addiction. Serendip Studio. Retrieved from: <http://serendip.brynmawr.edu/bb/neuro/neuro05/web1/isiddiqui.html>

Simon, S. B. (1988). *Getting unstuck: Breaking through your barriers to change*. Grand Central Publishing.

Staik, A. (2011). Seven toxic thinking patterns to break: How pseudo "feel-goods" trick your brain. PsychCentral. Retrieved from: <http://blogs.psychcentral.com/relationships/2011/07/seven-toxic-thinking-patterns-to-break-how-pseudo-feel-goods-trick-your-brain-2-of-3/>

Stanton, J. (2012). The power of positive addiction. National Post. Retrieved from: <http.//news.nationalpost.com/news/the-power-of-positive-addiction>

Strahan, E. J. et al. (2006). Comparing to perfection: How cultural norms for appearance affect social comparison and self-image. *Body Image* 3:211.

Tesser, A., Millar, M., & Moore, J. (1988). Some affective consequences of social comparison and reflection processes: The pain and pleasure of being close. *J Pers and Soc Psychol 54*:49.

Thompson, J. (2014). Shaping up: Walk away from bad habits. *Montreal Gazette*. Retrieved 2015: <http://www.montrealgazette.com/life/shaping+walk+away+from+habits/10067096/story.html>

Tiggemann, M., & McGill, B. (2004). The role of social comparison in the effect of magazine advertisements on women's mood and body dissatisfaction. *J Soc Clin Psychol 23*: 23.

Tiggemann, M., and Polivy, J. (2010). Upward and downward: Social comparison processing of thin, idealized media images. *Psychol Women 34*:Q 356.

Tolstoy, L. (n.d.). Everyone thinks about changing the world, but no one thinks about changing himself. BrainyQuote. Retrieved from: <http://www.brainyquote.com/quotes/quotes/l/leotolstoy105644.html>

Toren, A. (2015). 5 Ways you can develop a positive addiction to success. *Entrepreneur*.Retrieved from: <https://www.entrepreneur.com/article/248809>

Treadway, M. T., & Zaid, D. H. (2013). Parsing Anhedonia: Translational Models of Reward-Processing Deficits in Psychopathology. *Current Directions in Psychological Science*, http://doi.org/10.1177/0963721412474460

Tucker-Ladd, E.C. (1996). Chapter 4: Behavior, motivation and self-Control. In E.C. Tucker-Ladd (Ed.), *Psychological Self-Help*: 47-152. Retrieved from: <http://www.psychologicalselfhelp.org/Chapter4/chap4_47.html>

Tversky, A., & Kahneman, D (1974). Judgment under uncertainty: Heuristics and biases. *Science, 185(4157)*: 1124-1131. doi: 10.1126/science.185.4157.1124.

Twain, M. (n.d.), Giving up smoking is the easiest thing in the world. GoodReads, Retrieved from: <www.goodreads.com/quotes/150414-giving-up-smoking-is-the-easiest-thing-in-the-world/>

UCSVT_WEB. (2011). Positive addictions. United Counseling Service. Retrieved from: <http://www.ucsvt.org/2011/12/positive-addictions/>

Vaughan, B. (2013). The unsexy truth about dopamine. *The Guardian*. Retrieved from: <https://www.theguardian.com/science/2013/feb/03/dopamine-the-unsexy-truth>

Vaughn, D. T. (2015). Take a break. Breathe. Look at it from fresh eyes and then ask a mentor if you're still stuck. *Entrepreneur*. Retrieved from: <https://www.entrepreneur.com/article/246182>

Vence, T. (2015). Hormone affects "runner's high,"*The Scientist Magazine*. Retrieved from: <http://www.the-scientist.com/?articles.view/articleNo/43900/title/Hormone-Affects-Runner-s-High-/>

Vocks, S. (2009), Effects of a physical exercise session on state body image: The Influence of pre-experimental body dissatisfaction and concerns about weight and shape. *Psychology & Health 24*(6), Retrieved from: <https://www.researchgate.net/publication/41762508_Effects_of_a_physical_exercise_session_on_state_body_image_The_influence_of_pre-experimental_body_dissatisfaction_and_concerns_about_weight_and_shape>

Vognar, D. (2012). How important is culture in shaping our behavior? *Huffington Post News*. Retrieved from: <http://www.huffngtonpost.com/david-vognar/culture-infiuence-politics-life-_b_1724750.html>

Von Bartheld, C. S., Bahney, J., Herculano-Houzel, S. (2016). The search for true numbers of neurons and glial cells in the human brain: A review of 150 years of cell counting. *J Comp Neurol 524*:3865-3895.

Walker, R. (2008). The neuroscience of addiction. Center on Drug and Alcohol Research - University of Kentucky. Retrieved from: <http://cdar.uky.edu/Downloads/The_Science_of_Addiction_-Mar_2008_-_NKY.pdf>

Wedge, T. (2010). Positive, negative, and neutral addictions. Ezine Articles. Retrieved from: <http://ezinearticles.com/?Positive,-Negative,-and-Neutral-Addictions&id=3907995>

Welberg, L (2011). Addiction: From mechanisms to treatment. *Nature Reviews Neuroscience*. Retrieved from: <http://www.nature.com/nrn/journal/v12/n11/full/nrn3131.html>

Wentzel, R. K. (1999). Social-motivational processes and interpersonal relationships: Implications for understanding motivation at school. *Journal of Educational Psychology, 91(1)*: 76-97. Retrieved from: <http://psycnet.apa.org/index.cfm?fa=search.displayRecord&uid=1999-10190-007>

Winfrey, O. (n.d.). Turn your wounds into wisdom. BrainyQuote. Retrieved from:<http://www.brainyquote.com/quotes/quotes/o/oprahwinfr103803.html>

Winger et al. (2005). Behavioural perspectives on the neuroscience of drug addiction. *Journal of the Experimental Analysis of Behavior, 84(3)*: 667-681. Retrieved from: <https://www.ncbi.nlm.nih.gov/pmc/articles/PMC1389786/>

Winnie1821. (2013). The influence of media on our food choices. Booksie. Retrieved from:<https://www.booksie.com/posting/winnie1821/the-influence-of-media-on-our-food-choices-352748>

Wiseman, E. (2012). Uncomfortable in our skin: the body-image report. The Guardian News. Retrieved on October 22, 2015 from: <https://www.theguardian.com/lifeandstyle/2012/jun/10/body-image-anxiety-eva-wiseman>

Worker Bee. (2009). How to Develop Good Habits. Marks Daily Apple. Retrieved on November 11, 2015 from: <http://www.marksdailyapple.com/how-to-develop-good-habits/>

Wriston, W. (n.d.). Life is more risk management, than the exclusion of risks. NorthCoastAM. Retrieved from: <http://www.northcoastam.com/life-is-more-risk-management-rather-than-exclusion-of-risks-walter-wriston/>

Zamon, R. (2014). Cameron Diaz body book: Star gives genuinely amazing health advice. *Huffington Post News*. Retrieved from: <http://www.huffingtonpost.ca/2014/01/17/cameron-diaz-body-book_n_4617973.html>

Zeig, JK. (2008). Positive addictions: Choosing your habits wisely [online]. *Psychotherapy in Australia, 14(3)*: 66-70. Retrieved from: <http://search.informit.org/document-Summary;dn=544126694486111;res=IELHEA>

艾瑞克森基金会的相关信息

The Milton Erickson Foundation
2632 East Thomas Road
Suite 200
Phoenix Arizona 85016
www.erickson-foundation.org
Tele: 602-956-6196

Jeffrey K. Zeig, Ph.D., Founder and Director

治疗视频

Five Minute Tips for Therapists（萨德博士 5 分钟治疗秘笈）
https://v.qq.com/x/page/j0543hz7qer.html